UNGLAUBLICHE OPTISCHE ILLUSIONEN

UNGLAUBLICHE OPTISCHE ILLUSIONEN

Al Seckel

tosa

Dieses Buch widme ich:

Zauberkünstler Jerry Andrus, ein kreatives Genie der optischen Täuschungen, der meine Liebe zu Illusionen inspirierte.

Professor L. Pearce Williams, mein früherer Mentor, der mich den Wert der Vortrefflichkeit lehrte.

Physiker Richard Feynman, der mir hervorragende Werkzeuge in die Hand gab und der mir beibrachte, wie viel Spaß es macht, etwas herauszufinden.

Neurowissenschafter Christof Koch, der mich so intensiv unterstützte und mich bei meiner Arbeit ermutigte.

Autor und Erfinder mathematischer Spiele Martin Gardner, der intellektuelle Held meiner Jugend, der später so großzügig mit seiner Zeit und seinem Archiv umging.

A. S.

Danksagung:

Jerry Andrus, Ted Adelson, Stuart Anstis, Irving Biederman, Joe Bogan, Patrick Cavanagh, Jos De Mey, Sandro Del Prete, Jerry Downs, Shigeo Fukuda, Martin Gardner, Richard Gregory, Donald Hoffmann, Keith Kay, Akiyoshi Kitaoka, Alice Klarke, Ken Knowlton, Christof Koch, Scot Morris, Istvan Orosz, Baingio Pinna, Dale Purves, Vilaymur Ramachandran, Tim Rowett, Pawan Sinha, Shin Shimojo, Dejan Todorovic, Walter Wick, Carol Yin.

Originaltitel „*Incredible Visual Illusions*"

Übersetzung: www.textwerkstatt.at
Covergestaltung: Joseph Koó
Printed in Slovenia 2004

www.tosa-verlag.com

INHALT

EINLEITUNG

Die meisten Menschen halten das Sehen für selbstverständlich, denn es fällt uns leicht. Mit unserem Sehsinn finden wir schnell und effizient durch eine visuell reichhaltige, dreidimensionale Welt voller Licht, Schatten, Texturen und Farben – eine komplexe, sich bewegende Welt mit Objekten verschiedener Größen in verschiedenen Distanzen. Wenn wir uns umsehen, erfassen wir die „reale Welt".

Tatsächlich erzeugt unser visuelles System mittels der Wahrnehmung ein so genaues Bild von der realen Welt, dass die meisten von uns gar nicht merken, welche Leistung unser Gehirn da vollbringt. Ohne bewusstes Denken sammelt und interpretiert das Sinnessystem des Sehens komplexe Informationen und vermittelt uns damit einen lückenlosen persönlichen Eindruck von unserer Umgebung. Geschickt verbirgt unser visuelles System die Komplexität der Wahrnehmung.

Viele Wissenschafter haben unterschätzt, wie schwierig es ist, das Problem der Wahrnehmung zu lösen. Noch in den späten 1970ern und frühen 1980ern behaupteten führende Forscher zum Thema künstliche Intelligenz (AI), die sich mit selbstlernenden Maschinen beschäftigt, dass es einfach wäre, einen Computer zu bauen, der Objekte wahrnehmen könnte. Andererseits wäre es unglaublich schwierig, einen Computer zu konstruieren, der den Schachweltmeister schlagen könnte. Diese Ansicht blieb lange Zeit der Heilige Gral der AI-Forschung. Jahre später stellte sich das Gegenteil als richtig heraus! Einen Computer zu erschaffen, der den Schachweltmeister besiegen konnte, erwies sich als relativ simpel. Doch der Bau eines Computers, der Objekte, selbst die einfachsten, erkennen oder sogar wahrnehmen könnte, stellte sich als unglaublich kompliziert heraus. Auf diesem Gebiet wurden kaum Fortschritte erzielt.

Manchmal fällt es schwer, das Problem des Sehens zu erkennen, weil uns unsere Wahrnehmung eine lückenlose Darstellung der realen Welt liefert. Vielleicht meinen wir, wir könnten die Art und Weise, wie unser Sehsinn das Netzhautbild „sieht", damit vergleichen, wie eine Digitalkamera das aufzeichnet, was sie „sieht". Auch wenn das wie eine brauchbare Analogie erscheint, gibt es zwischen Sehsinn und Kamera außer Oberflächlichem keine echte Gemeinsamkeit. Das liegt daran, dass die Kamera eintreffende Informationen aufzeichnet, während das Gehirn sie interpretiert. Ihr Gehirn ist ein großer Dichter. Außerdem erscheint es uns nur so, als ob ein Foto ein dreidimensionales Abbild zeigen würde, doch das tut es nicht. Das gleiche visuelle System, das die Welt rund um uns interpretiert, interpretiert auch das Foto, sodass es wie eine dreidimensionale Szene wirkt. Wie Sie in diesem Buch sehen werden, interpretiert Ihr Gehirn ständig Informationen und erschafft dadurch Ihre Wahrnehmung.

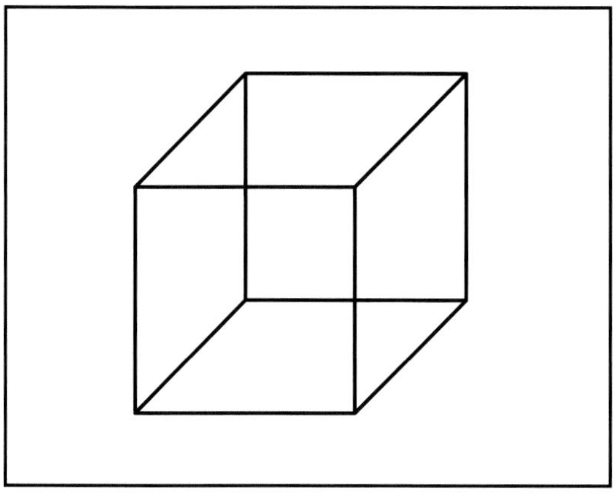

Ein Necker-Würfel. Wenn man ihn fixiert, springt die Perspektive um.

Ihre Wahrnehmung ist nicht immer perfekt. Manchmal interpretiert Ihr Gehirn ein statisches Bild auf Ihrer Netzhaut auf mehr als eine Art. Ein Würfel aus Linien, bekannt als Necker-Würfel, ist ein klassisches Beispiel für ein einfaches Bild, das auf mehr als eine Art interpretiert werden kann. Wenn Sie diesen Würfel beliebig lange fixieren, wird seine Tiefe spontan umspringen, auch wenn das Bild auf Ihrer Netzhaut gleich bleibt. Ihr Gehirn interpretiert widersprüchliche Tiefenhinweise.

Die meisten Leute bemerken die Probleme beim Sehen für gewöhnlich nicht, weil unser Gehirn sie automatisch für uns löst. Betrachten wir nur einige Beispiele.

Schauen Sie sich einmal um. Lassen Sie Ihren Blick durch den Raum schweifen. Neigen Sie Ihren Kopf. Die Welt bleibt stabil. Stellen Sie sich vor, was passieren würde, wenn Sie einen Film ansehen müssten, den ein Kleinkind gedreht hat, das die Kamera auf beliebige Weise bewegt. Ihnen würde sicher schlecht werden! Irgendwie stabilisiert Ihr Gehirn die Bilder, die Sie sehen, auf eine Weise, die mit den Bewegungen Ihrer Augen und Ihres Kopfes im Einklang steht.

Betrachten Sie ein Objekt – etwa einen Stuhl – in der Nähe. Umrunden Sie den Stuhl, während Sie ihn betrachten. Er kann sogar teilweise verhüllt sein. Das Bild des Stuhls auf Ihrer Netzhaut verändert sich in Form, Größe und Helligkeit, doch Sie nehmen ihn die ganze Zeit über als denselben Stuhl wahr. Es gibt eine Konstanz in der Wahrnehmung von Objekten. Diesen Aspekt der Wahrnehmung nehmen die meisten als selbstverständlich hin. Doch Menschen, die nach langer Blindheit plötzlich wieder sehen können, haben ernsthafte Probleme damit.

Ein anderes Beispiel, über das wir meist nicht nachdenken, ist das Blinzeln. Normalerweise tritt es etwa alle vier Sekunden ohne äußeren Reiz auf und wird durch Signale des Gehirns ausgelöst. Es dauert etwa eine Drittelsekunde vom Beginn, wenn sich die Lider in Bewegung setzen, bis sie wieder in die Ruhelage zurückkehren. Etwa die Hälfte dieser Zeit sind die Lider komplett geschlossen, was die Lichtmenge, die unsere Netzhaut erreicht, um etwa 90 Prozent reduziert. Wenn wir uns in einem beleuchteten Raum befinden und eine externe Lichtquelle für dieselbe Zeitspanne ab- und aufgedreht wird, bemerken wir sehr wohl die kurze Dunkelheit. Warum merken wir das Blinzeln nicht? Wie füllt unser visuelles System die dunklen Blinzelperioden zu einem lückenlosen visuellen Eindruck?

Es ist allgemein bekannt, dass wir unsere Tiefenwahrnehmung dem Vorhandensein von zwei Augen verdanken. Doch wenn Sie ein Auge schließen, verlieren Sie die Tiefenwahrnehmung nicht sofort. Warum nicht?

Denken Sie schließlich an das Bild auf der Rückseite Ihrer Netzhaut. Es gleicht dem Bild in einer Lochkamera: Es steht auf dem Kopf und ist seitenverkehrt. Doch wir nehmen eine Welt wahr, die aufrecht steht und korrekt ausgerichtet ist. Wie macht unser Gehirn das?

Dies sind nur einige Beispiele für die Probleme, die das Gehirn in jedem Moment, in dem wir visuell aktiv sind, zu lösen hat. Trotzdem sind das nicht unbedingt die Fragen, die das Verstehen der visuellen Wahrnehmung so schwierig machen. Noch erstaunlicher ist die Fähigkeit des Gehirns, mittels der vielschichtigen Informationen aus der Welt ein genaues Abbild der Realität zu erzeugen.

Der große deutsche Physiker und Physiologe Hermann von Helmholtz entdeckte vor über hundert Jahren als Erster das grundlegende Problem der Wahrnehmung. Er folgerte richtig, dass die visuelle Information aus der Welt, die auf die Rückseite der Netzhaut projiziert wird, in räumlicher Hinsicht mehrdeutig ist.

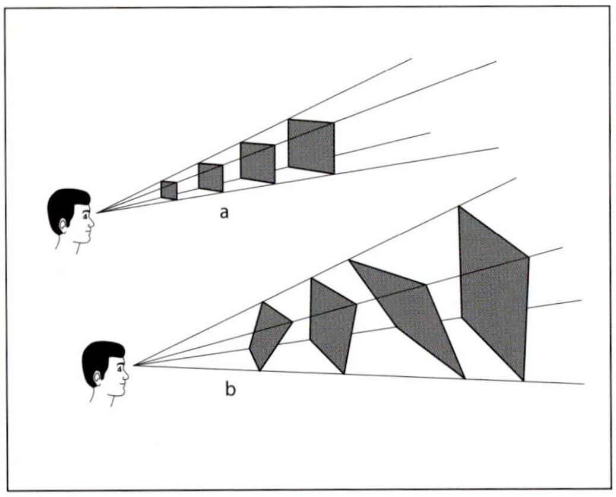

Die Netzhautinformation über Form und Gestalt ist immer mehrdeutig.

Dies kann auf folgende Weise illustriert werden: Betrachten Sie die Figur links. Sämtliche Objekte schließen den gleichen Sehwinkel ein, ihre korrespondierenden Ecken liegen entlang derselben perspektivischen Linien, die sich im Auge des Betrachters treffen. Das bedeutet, dass es unendlich viele verschiedene Formen gibt, die dasselbe Netzhautbild erzeugen können, solange sie für das Auge den gleichen Sehwinkel einschließen.

Fukudas seltsames Klavier.

Die Mehrdeutigkeit räumlicher Information zeigt sich extrem an der Illusion des verzerrten Klaviers, erschaffen vom japanischen Künstler Shigeo Fukuda. Wenn man von einem bestimmten Punkt aus schaut, ergeben die verdrehten Klavierteile (rechts) im Spiegel das Abbild eines perfekten Klaviers (links). Von diesem Blickpunkt aus schließen die physischen Teile des Klaviers für das Auge denselben Sehwinkel ein wie ein echtes Klavier. Aus jedem anderen Blickwinkel tun sie das nicht, daher sehen Sie in diesen Fällen ihre wahre Anordnung.

Doch das Konzept der visuellen Mehrdeutigkeit reicht viel weiter als Helmholtz ursprünglich annahm. Es stellte sich heraus, dass jeder Aspekt visueller Information, nicht nur der räumliche, aus unendlich vielen Umständen entstanden sein kann. Diese Tatsache zu akzeptieren fällt anfangs schwer, weil das, was wir in einer normalen Seh-Umgebung wahrnehmen, überhaupt nicht mehrdeutig ist.

Wenn alle visuellen Reize mehrdeutig sein können, wie sichtet das visuelle bzw. Wahrnehmungssystem die unendliche Vielfalt an Möglichkeiten und entscheidet sich fast immer für die richtige Interpretation, so schnell und effizient? Dieses Problem ist in der Wissenschaft als „Inversion" bekannt. Kurz gesagt: Wie erhält das visuelle System all die visuellen Informationen über die 3D-Welt aus den sehr eingeschränkten Informationen des 2D-Netzhautbildes? Dies ist eine grundlegende und zentrale Frage der Wahrnehmung und viele Beispiele in diesem Buch werden diesen Prozess erklären. Die meisten Illusionen sind künstlich, ob sie nun aus einem Labor der optischen Forschung kommen oder dem Geist eines Künstlers entsprungen sind. Sie sind sehr reizarm, ihnen fehlen die reichlichen Hinweise aus dem Kontext, die ihre Mehrdeutigkeit klären würden. Durch die Erforschung dieser Grenzen unseres Sehsinns entschlüsseln wir langsam jene Gesetze, die es uns erlauben, nicht-mehrdeutige Szenerien zu sehen..

Natürlich gibt es bezüglich der Wahrnehmung noch viele andere Fragen, etwa: Wie nehmen wir Farbe wahr? Wie nehmen wir Bewegung wahr? Wie geben wir einem Bild eine Bedeutung? Wie erkennen wir Gesichter? All dies sind sehr fundamentale Probleme der Wahrnehmung.

In den letzten 50 Jahren, speziell in den letzten 20 Jahren, befassten sich verschiedene Forschungsteams aus unterschiedlichen Blickwinkeln mit der Analyse und Erforschung von Sehen und Wahrnehmung. Manche Zugangsweisen befanden sich im Widerstreit, andere unterstützten sich gegenseitig, wieder andere arbeiteten gegeneinander und einige waren äußerst exklusiv. Das liegt daran, dass sich die Forscher im Bereich der visuellen Physiologie und der visuellen Psychophysiologie von jeher schon gegenseitig die Berechtigung ihres jeweiligen Zugangs streitig gemacht haben. Häufig meinen die betreffenden Wissenschafter, dass ihre eigene Methodologie so „offensichtlich" die richtige ist, dass sie es nicht für nötig halten, ihre Methodenwahl zu begründen. Deshalb ging es in einigen der heftigsten Kontroversen in der kognitiven Wissenschaft nicht um aktuelle Daten, sondern darum, welche Bedeutung die Ergebnisse hatten und mit welchen Methoden sie gewonnen wurden.

Auch wenn sich Forscher über den sinnvollsten Zugang uneinig sind, so sind verschiedene methodische Zugangsweisen nötig, da die visuelle Informationsverarbeitung auf unterschiedlich komplexen Ebenen stattfindet. Physiologen befassten sich vor allem mit den Grundlagen des Sehens, mit den Funktionen von einzelnen Neuronen und kleinen Netzwerken am Beginn der visuellen Reizleitung. Psychophysiologen arbeiteten am anderen Extrem, dem komplexen Sehgeschehen, mit kognitiven Prozessen, die Wissen über Objekte, Materialien und Szenen beinhalten. Dazwischen liegt ein kaum definierbarer Bereich, der die Verarbeitung von Oberflächen, Konturen, Tiefen etc. umfasst.

Eine Zeit lang schienen sich die Physiologen, die sich mit der Ebene der Grundlagen beschäftigten, und die Psychophysiologen, die die Ebenen der komplexeren Sehprozesse erforschten, gut zu ergänzen. Doch vor kurzem haben führende Psychophysiologen gezeigt, dass viele der zu Grunde liegenden neuronalen Mechanismen, wie etwa Simultankontraste und Helligkeitswahrnehmung, die man für weitgehend geklärt hielt, vielleicht revidiert werden müssen. Wenn man zum Beispiel den Kontext einer Szene verändert, kann das die Reaktionen der Neuronen beeinflussen, ebenso wie sich das verändert, was der Beobachter sieht. Das heißt, dass viele der Mechanismen, auf denen das Sehen beruht, vielleicht noch „verworrener" sind als angenommen, wobei sich die Ebenen der visuellen Verarbeitung gegenseitig beeinflussen. Wenn man nur eine Ebene des visuellen Systems betrachtet, wird man die visuelle Wahrnehmung niemals vollständig verstehen.

Zum Glück wächst heute die Zahl jener Wissenschafter, die sich nicht nur für die neuronalen Auswirkungen visueller Wahrnehmung interessieren, sondern auch für die Psychologie des Sehens. Visuelle Wahrnehmung löst Mehrdeutigkeiten.

Die Aufgabe der Forschung besteht darin, die versteckten, zu Grunde liegenden Regeln, die so geschickt verborgen wurden, zu entdecken, anstatt dem visuellen System einen Grad an Einfachheit zuzuschreiben, den es einfach nicht besitzt.

Doch manchmal sind unsere Wahrnehmungen falsch. Häufig werden diese Irrtümer als Illusionen, als Täuschungen klassifiziert und von vielen als Fehler des visuellen Systems betrachtet, als eigenartige Ausnahmen vom normalen Sehen. Mehrere namhafte moderne Wissenschafter lieferten Beschreibungen dieser Art. Marvin Minsky, der als Vater der künstlichen Intelligenz gilt, nannte sie „Bugs" („Defekte"), Richard Gregory, Pionierforscher auf dem Gebiet des Sehens und der Illusionen, „Fehler", und Nobelpreisträger Francis Crick, der in letzter Zeit am Problem des visuellen Bewusstseins arbeitete, „teilweises Versagen".

In Wahrheit sind Illusionen nichts davon. Dieselben Prozesse, die dem „normalen" Sehen zu Grunde liegen, bringen auch die Illusionen hervor. Illusionen zu verstehen heißt, den normalen Sehprozess zu verstehen. Viele Sehforscher studieren Illusionen, weil diese manchmal die verborgenen Gesetze und Komplexitäten der Wahrnehmung auf eine Weise enthüllen, wie es normale Wahrnehmungsprozesse nicht tun. Es gibt unzählige Beispiele dafür, dass die Erforschung von Illusionen wichtige Einsichten in die Wahrnehmung geliefert hat. So haben etwa Illusionen wie das Hermann-Gitter oder die Mach-Bänder zu einer der frühesten neuronalen Theorien geführt: der lateralen Inhibition zwischen Nervenzellen. Im 19. Jahrhundert führte die Untersuchung farbiger Nachbilder Hering zur Annahme eines „entgegengesetzten" Prozesses beim Farbsehen. In der Physik, meinem ursprünglichen Forschungsgebiet, ist der Teil, der nicht hineinpasst oder sich nicht verhält wie erwartet, stets der interessanteste.

Wenn Illusionen keine Fehler des visuellen Systems sind, was sind sie dann? Außerdem werden verschiedenartige Wahrnehmungseindrücke als Illusionen bezeichnet; was unterscheidet sie grundlegend von denen, die wir als normal wahrnehmen?

Der erste Unterschied ist eine erkennbare Kluft zwischen Wahrnehmung und Verstand. Durch eine Illusion wird Ihre Wahrnehmung in die Irre geführt, doch nicht Ihr Verstand – Sie sehen etwas Falsches, doch Sie wissen, dass es falsch ist. Zuerst kann auch Ihr Verstand genarrt sein, doch zu diesem Zeitpunkt sind Sie sich noch nicht bewusst, dass Sie es mit einer Illusion zu tun haben. Nur wenn Wahrnehmung und Verstand uneins sind, sind Sie sich bewusst, dass es sich um eine Täuschung handelt.

Außerdem wird Ihre Wahrnehmung bei nahezu allen bildlichen Illusionen (bei denen die Bedeutung des Bildes nicht mehrdeutig ist) weiterhin getäuscht bleiben, auch wenn Ihr Verstand in Ordnung ist, egal wie oft Sie die Illusion betrachten. Es spielt keine Rolle, wie alt, wie klug, wie gebildet oder künstlerisch begabt Sie sind, diese Illusionen werden Sie immer wieder in die Irre führen. Tatsächlich können Sie Ihre falschen Wahrnehmungen nicht „löschen", auch mit viel Erfahrung, Wissen oder Übung nicht. Dies wird sich beweisen, wenn Sie die verschiedenen Beispiele in diesem Buch durchgehen; es ist ein starker Hinweis darauf, dass die Art und Weise, wie Ihre (visuelle) Wahrnehmung die Welt interpretiert, stark reglementiert ist.

Verwandt damit ist das Gefühl der „Überraschung", das eintritt, wenn Sie entdecken, dass Ihre Wahrnehmung getäuscht wurde, weil Ihre Erwartungen nicht erfüllt wurden. Die Überraschung wiederholt sich jedoch nicht mit jeder Betrachtung derselben Illusion. Viele Menschen freuen sich, wenn ihre Wahrnehmung getäuscht wird. Natürlich gibt es auch Menschen, die sich ärgern, doch die meisten scheinen angenehme Gefühle zu erleben, wenn ihre Erwartungen enttäuscht werden; zum Beispiel, wenn die Story eines Films eine interessante oder lustige Wendung nimmt. Freude ist das, womit unser Gehirn uns belohnt. Doch wofür wir „belohnt" werden, ist eine interessante Frage.

Es ist nicht meine Absicht, dass der Leser durch das Betrachten der Illusionen in diesem Buch denkt, die visuelle Wahrnehmung sei unzuverlässig. Das wäre ein Irrtum, denn zum Großteil entsprechen unsere Wahrnehmungen der Wahrheit – im Großen und Ganzen ist das, was Sie sehen, ein genaues Abbild der äußeren Welt. Doch unsere Wahrnehmung ist kein Spiegelbild der Realität, sondern ein aktives, intelligentes Konstrukt, das uns die besten Chancen gibt, in einer komplizierten Welt zu überleben.

Der Prozess, wie wir unser Bild von der Realität aufbauen, ist unglaublich kompliziert. Wir haben kein klares oder gar allgemeines Verständnis davon, wie wir unsere dreidimensionale Welt wahrnehmen, trotz einhundert Jahren aktiver Forschung auf dem Gebiet des Sehens und der kognitiven Wissenschaften.

Das bedeutet aber nicht, dass wir gar nichts wissen. Wir besitzen einen gewaltigen Reichtum an Informationen über die Struktur und das Verhalten des Auges und der relevanten Bereiche des Gehirns sowie über die Biologie der Nervenzellen und ihrer vielen Moleküle. Was wir noch nicht klar verstehen, ist der Prozess, der zwischen Sehen und Wahrnehmung vermittelt. Es ist unglaublich schwierig, das, was wir wissen, in einen funktionierenden Rahmen zu stellen, der erklärt, wie wir zu einem ausführlichen und ziemlich genauen mentalen Abbild unserer Welt kommen. Manchmal erhaschen wir kurze Einblicke in diesen Prozess; dieses Buch bietet dem Leser hoffentlich einige davon. Die Forschung hat viel erreicht, doch viel mehr ist noch unbekannt.

Obwohl dieses Buch eigentlich davon handelt, wie wir Illusionen wahrnehmen, gibt es zugleich eine Einführung zu der Frage, wie wir sehen und wahrnehmen, sowie in die verborgenen Prozesse, die unserer visuellen Wahrnehmung zu Grunde liegen. All die hier vorgestellten Effekte können ohne wissenschaftliches Vorwissen wahrgenommen werden – sie funktionieren bei allen Menschen mit normalem Sehsinn, im Allgemeinen ab etwa fünf Jahren. Ebenso wie Illusionen ein spannendes aktuelles Forschungsgebiet sind, so kann die Beschäftigung mit Illusionen auch sehr viel Spaß machen. Ich hoffe, dass die hier vorgeführten Beispiele und Erklärungen Sie anregen werden, über die unzähligen Fragen nachzudenken, die offen geblieben sind, einschließlich des größten Geheimnisses von allen – des menschlichen Gehirns.

1 HELLIGKEITS- und KONTRASTILLUSIONEN

Die Wahrnehmung von Leuchtkraft und Helligkeit wirkt auf den ersten Blick wie eine einfache Aufgabe. Man muss nur ein Fotometer über eine Oberfläche bewegen und an jedem Punkt die Energie messen; je mehr Licht von einem bestimmten Punkt kommt, umso größer der gemessene Wert. Viele Fotorezeptoren in der Netzhaut funktionieren auf ähnliche Weise: Je mehr Licht sie empfangen, umso mehr werden sie erregt und umso höher ist die Feuerungsrate in den Ganglienzellen, mit denen sie verbunden sind. Doch wie wir immer wieder entdecken, ist die Wahrnehmung viel komplexer als eine simple, aus dem Netzhautbild abgeleitete Eins-zu-eins-Darstellung der äußeren Welt. Was die Helligkeit betrifft, so ist unsere Perzeption definitiv nicht ein „Pixel-für-Pixel-Abbild" verschiedener Lichtstärken auf der Retina. Unsere Helligkeitswahrnehmung kann variieren, abhängig von einer Vielzahl an Faktoren, darunter auch vom Kontext, in dem wir etwas sehen.

Eine weiße Oberfläche liefert in schwachem Licht denselben gemessenen Helligkeitswert wie eine schwarze Oberfläche in hellem Licht. Doch wenn genügend Kontext vorhanden ist, können Menschen für gewöhnlich zwischen den beiden unterscheiden. Tatsächlich ist die wahrgenommene Helligkeit realer Objekte in einer natürlichen Umgebung zu großen Teilen unabhängig von der Beleuchtung.

Außerdem entspricht die wahrgenommene Leuchtkraft von Objekten nicht einfach ihrer physikalischen Helligkeit. Zwei Oberflächen, die dieselbe Lichtmenge an das Auge schicken, können ganz unterschiedlich aussehen. Wie in diesem Kapitel gezeigt wird, gibt es dann keinen physikalischen Unterschied in der Helligkeit. Doch es gibt einen Unterschied zwischen dem Reiz und Ihrer Wahrnehmung dieses Reizes.

Simultankontrastillusion

Besitzt der horizontale Balken über die gesamte Länge denselben Grauwert?

Assimilationsillusion

Erscheint das graue Quadrat in der Mitte dunkler als seine graue Umgebung?

Whites Illusion

Erscheinen die vertikalen grauen Balken gleich oder verschieden?

Die Chevreul-Täuschung

Bei der Chevreul-Täuschung ist jeder einzelne Farbbalken in sich gleichmäßig durchgefärbt. Doch wo ein hellerer mit dem nächstdunkleren zusammentrifft, lässt der helle Balken den dunkleren neben ihm noch dunkler erscheinen. Legen Sie einen Bleistift über die Grenze zwischen zwei beliebigen Balken, dann werden die angrenzenden Streifen gleichmäßig gefärbt erscheinen.

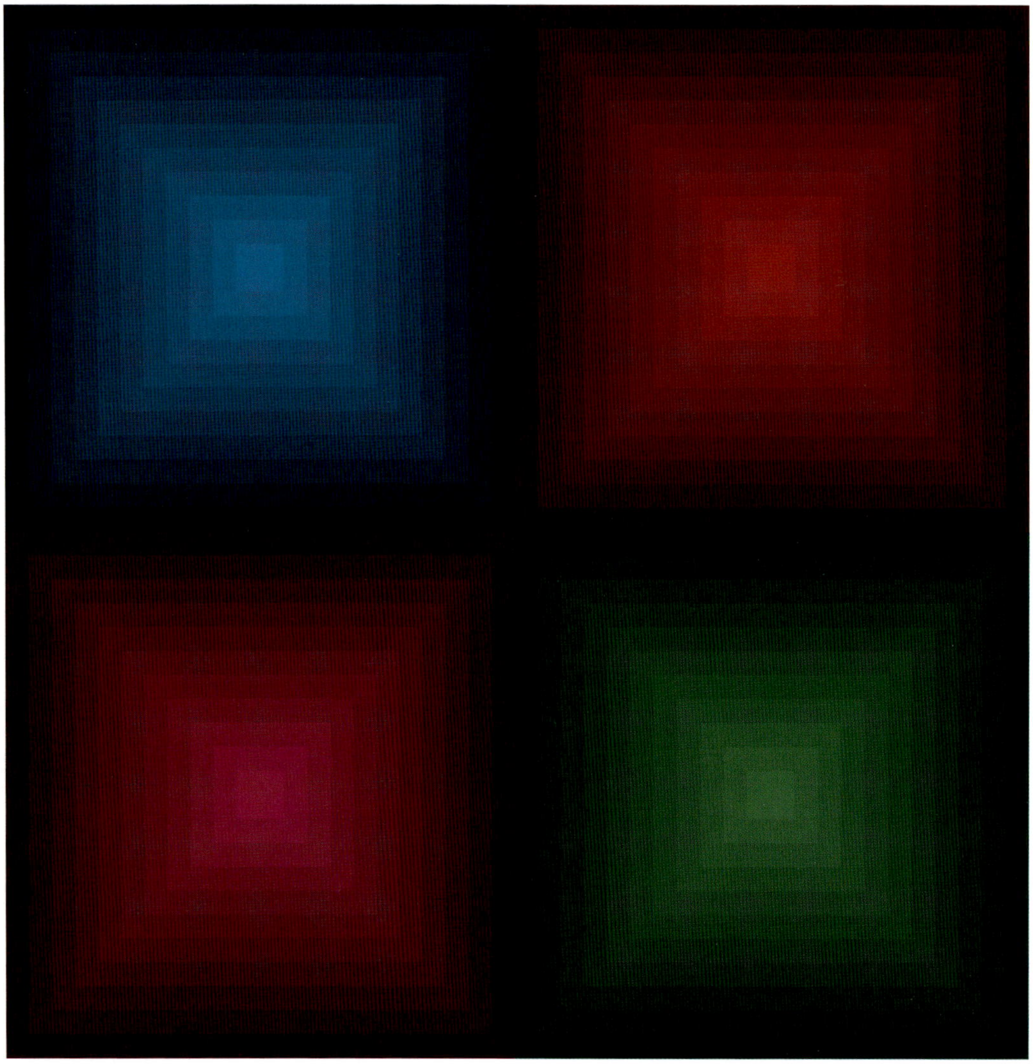

Vasarelis Illusion

Sehen Sie ein helles diagonales „Kreuz" in jedem der bunten Quadrate?

Die Rauten-Variation der Craik-O'Brien-Cornsweet-Täuschung

Betrachten Sie die Rautenreihen. Erscheint jede Reihe dunkler als die Reihe darüber?

Purves und Lottos Kontrasttäuschung

Betrachten Sie den gestreiften Gegenstand. Er scheint aus zwei grauen Streifen zu bestehen, die zwischen drei weißen Streifen liegen. Doch Achtung! Die zwei grauen Streifen an der Oberseite haben dieselbe Helligkeit wie die drei weißen Streifen an der Vorderseite.

Adelsons Illusion mit Schachbrett und Schatten

Betrachten Sie das Muster aus hellen und dunklen Feldern auf dem Schachbrett: Weisen die „hellen" Felder im Schatten denselben Grauton auf wie die „dunklen" Felder außerhalb des Schattens?

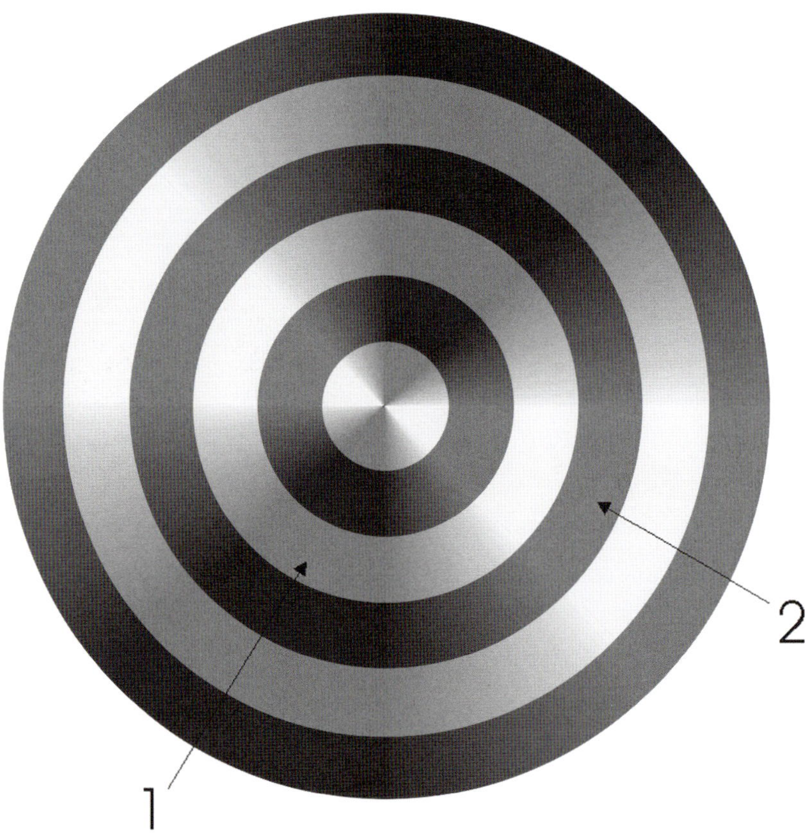

Todorovics Dartboard-Illusion

Sind die „hellen" und „dunklen" Bereiche, die von den Pfeilen angezeigt werden, verschieden? Ob Sie es glauben oder nicht, sie sind identisch.

Todorovics Illusion mit Schachbrett und Grauverlauf

Die Grauverläufe sind real, doch die kleinen Kreise sind alle gleich hell, obwohl manche hell-, manche mittel- und manche dunkelgrau erscheinen.

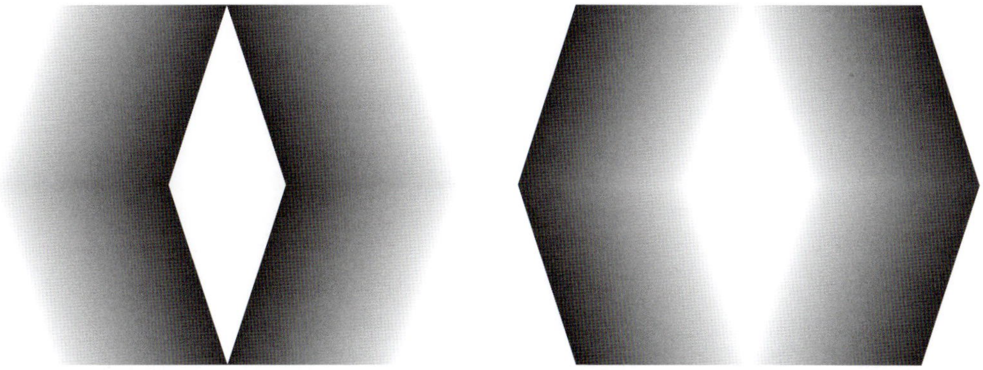

Bressens doppelte Leuchtkraftillusion

Erscheint eine Raute weißer als die andere?

Die Ehrenstein-Figur

Sehen Sie Kreise, obwohl es keine Linien gibt, die sie definieren? Wirken diese Kreise heller?

HELLIGKEITS- und KONTRASTILLUSIONEN

Was geschieht hier?

Simultankontrastillusion

Ja, der horizontale Balken hat überall denselben Grauwert. Sie können dies überprüfen, indem Sie alles bis auf den Balken abdecken. Das weist darauf hin, dass die Grauwerte der Umgebung Ihre Wahrnehmung beeinflussen – bei dunkelgrauer Umgebung wirkt der Balken heller. Dieses Phänomen nennt man Simultankontrastillusion.

Assimilationsillusion

Das Quadrat und seine Umgebung haben denselben Grauwert. Dies ist ein Beispiel für Assimilation, das Gegenteil von Simultankontrast. Das Quadrat mit den schwarzen Streifen wirkt dunkler als die Umgebung mit den weißen Streifen. Tatsächlich wurde überall dasselbe Grau verwendet. Das können Sie überprüfen, indem Sie die Enden der weißen oder schwarzen Linien in der Nähe der Ecken des kleinen Quadrats abdecken.

Whites Illusion

Die vertikalen grauen Balken besitzen denselben Grauwert. Die grauen Rechtecke, die die entsprechenden Segmente in den schwarzen Balken ersetzen, wirken viel heller als die, die in den weißen Balken liegen. Das ist überraschend: Durch den örtlichen Simultankontrast sollten die grauen Flecken in der weißen Umgebung dunkler aussehen als die, die von Schwarz umgeben sind.

Whites Illusion tritt nur auf, wenn die Helligkeit der grauen Rechtecke im Bereich zwischen dem minimalen und dem maximalen Wert der induzierenden Streifen (die langen schwarzen und weißen Streifen) liegt.

Die Chevreul-Täuschung

Innerhalb jedes der stufenartig von hell nach dunkel angeordneten Streifen herrscht die gleiche Helligkeit. An der Grenze zwischen einem helleren und einem dunkleren Streifen lässt die helle Kante die angrenzende dunkle noch dunkler erscheinen und es sieht so aus, als gäbe es einen wellenartigen Verlauf.

Diese Illusion wurde nach dem französischen Chemiker Michel Chevreul (1786–1889) benannt, der später in der Kunstwelt sehr einflussreich werden sollte, vor allem im Pointilismus und Divisionismus. Er wurde Direktor der Färberei für die Gobelin-Teppich-Werke in Paris, wo er viele Beschwerden über mindere Färbequalität zu beantworten hatte. Viele Beschwerden waren berechtigt, doch andere waren Farbkontrastillusionen zuzuschreiben. Er entdeckte, dass das Erscheinungsbild eines Garns nicht nur von der Farbe abhing, mit der es gefärbt wurde, sondern auch von den umgebenden Garnen. Chevreul untersuchte dieses Phänomen und stellte die Regeln auf, die den Einfluss der Umgebung auf die Wahrnehmung von Farbe beschreiben. Erstmals beschrieb er diese Illusion im Jahr 1839.

Vasarelis Illusion

Die helleren Gebiete entlang der Diagonalen haben dieselbe Helligkeit wie die Quadrate, die sie umgeben. Anders gesagt, wenn Sie die konzentrischen Streifen mit einem Photometer messen würden, würden Sie feststellen, dass an allen Punkten des Streifens – auch an den diagonalen Bereichen, die heller erscheinen – dieselbe Menge Licht reflektiert wird. Diese Täuschung könnte auf die laterale Inhibition in der Netzhaut und andere frühe Phasen in der visuellen Verarbeitung zurückgehen.

Diese Illusion stammt vom ungarisch-französischen Op-Art-Künstler Victor Vasareli, der in seinen Werken gerne Simultankontrasteffekte verwendete.

Die Rauten-Variation der Craik-O'Brien-Cornsweet-Täuschung

Alle Rauten in dieser Abbildung sind gleich hell, doch wenn sie in einem schachbrettartigen Muster zusammengesetzt werden, erscheinen die unteren Rauten dunkler als die am oberen Rand. Auf beiden Seiten einer Grenze gibt es einen rapiden Wechsel von Hell zu Dunkel, der sich fortsetzt und verschiedene Graustufen erzeugt, deren Durchschnittshelligkeit sich auf den beiden Seiten der Grenze unterscheidet.

Die Sehforscher Isao Watanabe, Patrick Cavanagh und Stuart Anstis beschrieben diese sehr effektive Craik-O'Brien-Cornsweet-Variation mit Rauten erstmals im Jahr 1995.

Purves und Lottos Kontrastillusion

Mit dieser dramatischen Helligkeitstäuschung zeigen Dale Purves und R. Beau Lotto, dass der Simultankontrasteffekt enorm verstärkt wird, wenn der Darstellung die konsistente Information hinzugefügt wird, dass einige der Streifen in tiefem Schatten und andere in direktem Licht liegen.

Adelsons Illusion mit Schachbrett und Schatten

Die hellen Felder im Schatten und die dunklen Felder außerhalb des Schattens sind identisch. Sie können das überprüfen, indem Sie alles bis auf zwei solche Felder abdecken oder indem Sie sie durch ein Gucklock betrachten. Ted Adelson, Sehforscher am MIT, erschuf diese bemerkenswerte Helligkeitsillusion, um zu zeigen, dass die Interpretation des Bildes Auswirkungen auf die Helligkeitswahrnehmung hat. Adelson zufolge muss das visuelle System die Farben der Objekte in der Welt bestimmen, in diesem Fall die Grauschattierung der Felder auf dem Boden.
Die Helligkeit zu messen, reicht nicht aus: Ein Schlagschatten verdunkelt eine Oberfläche, sodass eine weiße Oberfläche im Schatten vielleicht weniger Licht reflektiert als eine schwarze in hellem Licht. Das visuelle System benutzt mehrere Regeln, um zu bestimmen, wo sich Schatten befinden und wie diese zu kompensieren sind, um die Graustufe der Oberfläche zu ermitteln.

Die erste Regel behandelt den örtlichen Kontrast. Ob im Schatten oder nicht, ein Feld, das heller als seine Nachbarn ist, ist vermutlich heller als der Durchschnitt und umgekehrt. In der Abbildung ist das helle Feld im Schatten von dunklen Feldern umgeben. Daher ist es – obwohl physikalisch gesehen dunkel – hell im Vergleich zu seinen Nachbarn. Umgekehrt sind die dunklen Felder außerhalb des Schattens von hellen Feldern umgeben, sodass sie im Vergleich dunkel wirken.

Eine weitere Regel beruht auf der Tatsache, dass die Grenzen von Schatten oft unscharf oder verschwommen sind, während Grenzen zwischen Farben (wie bei den Feldern) oft scharfkantig sind. Das visuelle System neigt dazu, Übergänge in der Lichtmenge zu ignorieren, sodass es die Farbe der Oberflächen bestimmen kann, ohne durch Schatten beeinträchtigt zu werden. Hier hat der Schatten eine unscharfe Grenze und der Zylinder scheint einen Schatten zu werfen, der mit unserer Erfahrung übereinstimmt.

Todorovics Illusion mit Schachbrett und Grauverlauf

Dies ist eine neue Helligkeitsillusion, erschaffen vom ungarischen Sehforscher Dejan Todorovic.

Bressens doppelte Leuchtkraftillusion

Die beiden Rauten besitzen die gleiche Helligkeit. Wenn die Rauten gleich hell sind, doch bei der linken der Helligkeitsunterschied zu ihrer Umgebung größer ist und die Umgebungen teilweise weiß sind, dann wirkt die rechte Raute heller. Die italienische Sehforscherin Paula Bressen entdeckte diese Illusion im Jahr 2000.

Die Ehrenstein-Figur

Eine Anordnung von radialen Linien, deren Enden einen subjektiven Kreis ergeben, erzeugt einen positiven Helligkeitskontrast, wobei der subjektive Kreis heller als der Hintergrund erscheint.

Walter Ehrenstein entdeckte diese Illusion 1941.

2 PARALLELITÄTSTÄUSCHUNGEN

Hier finden wir einige der stärksten Täuschungen, die es gibt. Es existieren mehrere bekannte Variationen, die alle ihren besonderen Effekt haben. Parallelitätstäuschungen wurden im 19. Jahrhundert von Webern entdeckt, die in ihren Mustern eine Störung feststellten. 1894 wurde der deutsche Psychologiepionier Hugo Münsterberg beauftragt, das Phänomen zu untersuchen, das er „verschobenes Schachbrettmuster" nannte.

1908 publizierte der britische Psychologe James Fraser eine Arbeit mit dem Titel „Eine neue optische Orientierungstäuschung". Darin zeigte er, wie man die von Münsterberg entdeckten Figuren für eine mächtige neue Parallelitätstäuschung adaptieren konnte: dem gedrehten Seil. Fraser nannte die Grundeinheit seiner Figuren – eine Linie mit je einem Dreieck an jedem Ende – eine „Orientierungseinheit". Er behauptete, dass diese Orientierungseinheit die Orientierung des visuellen Systems stark beeinträchtigen könnte. Fraser setzte diese Einheit sowohl bei geraden als auch gebogenen Figuren ein; letztere war die berühmte Fraser-Spiralentäuschung. Seit Frasers Entdeckung wurden endlose Variationen der Spiralmuster aus konzentrischen Kreisen entworfen. Eine damit verwandte Parallelitätstäuschung wurde später in Bristol an einem Café aus dem 19. Jahrhundert entdeckt (Cafémauertäuschung).

Parallelitätstäuschungen wurden Objekt von beachtlichem theoretischem Interesse sowie empirischen Untersuchungen. Erst vor kurzem schuf der japanische Sehforscher und Op-Art-Künstler Akiyoshi Kitaoka eine ganze Reihe völlig neuer, beeindruckender Parallelitätstäuschungen, die auf seiner Untersuchung dieses Effekts beruhen.

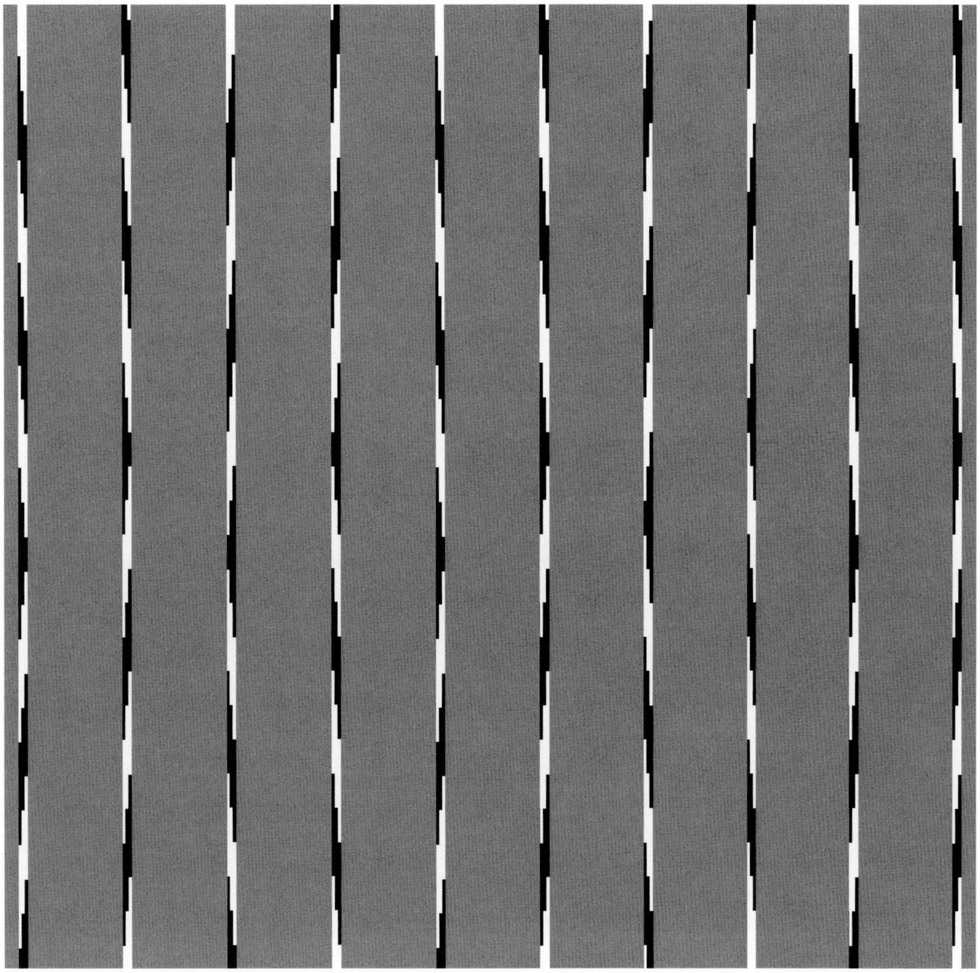

Parallelitätstäuschung

Scheinen die vertikalen Linien gebogen?

Cafémauertäuschung

Dies ist die Mauer eines englischen Cafés in Bristol, wo die Cafémauertäuschung als Erstes entdeckt wurde. Nehmen Sie die nicht wirklich vorhandenen Keile wahr?

Die Fraser-Spiralentäuschung

Sehen Sie eine Spirale oder viele konzentrische Kreise?

Wilcoxs verzerrte Kreise

Sehen Sie mehrere verzerrte Kreise?

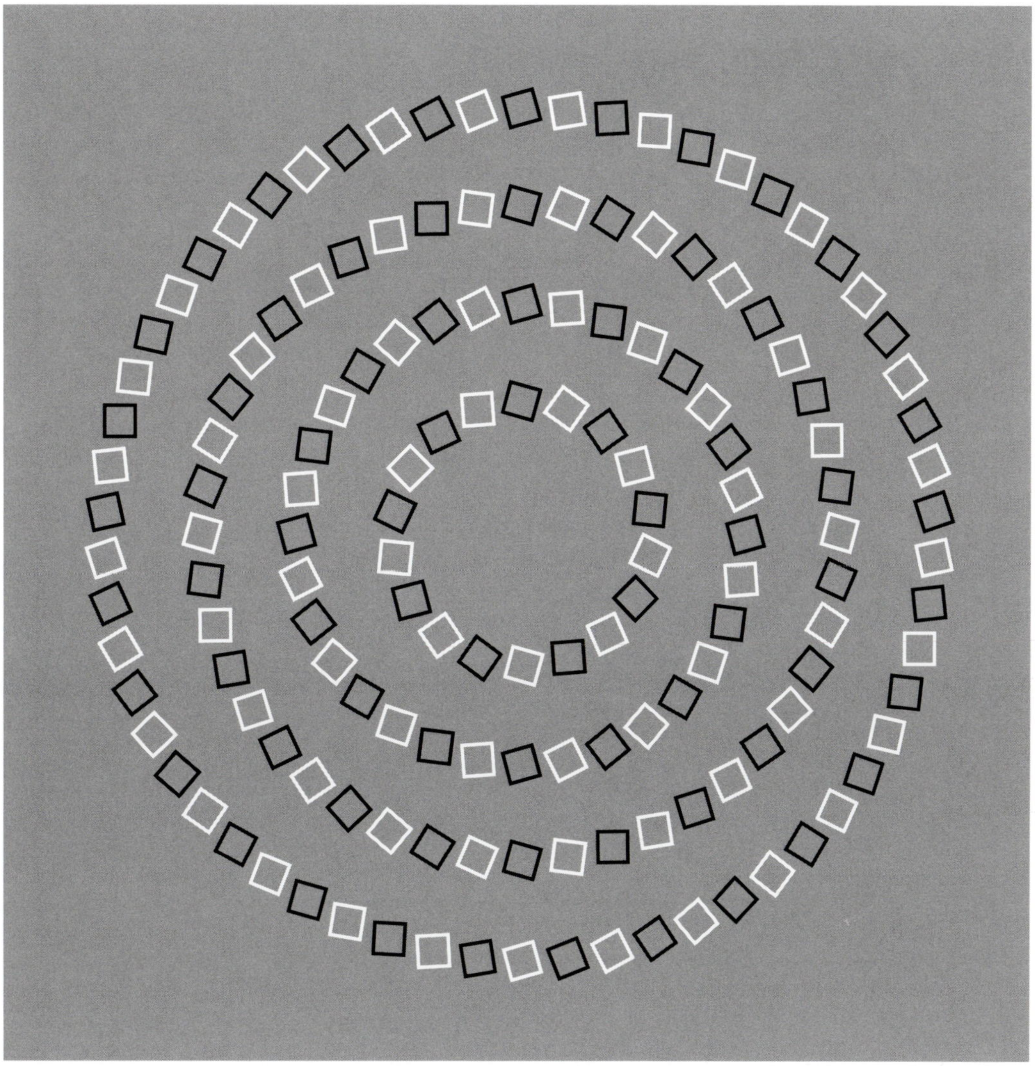

Pinnas Verschränkungstäuschung

Überlappen und durchkreuzen diese Kreise einander?

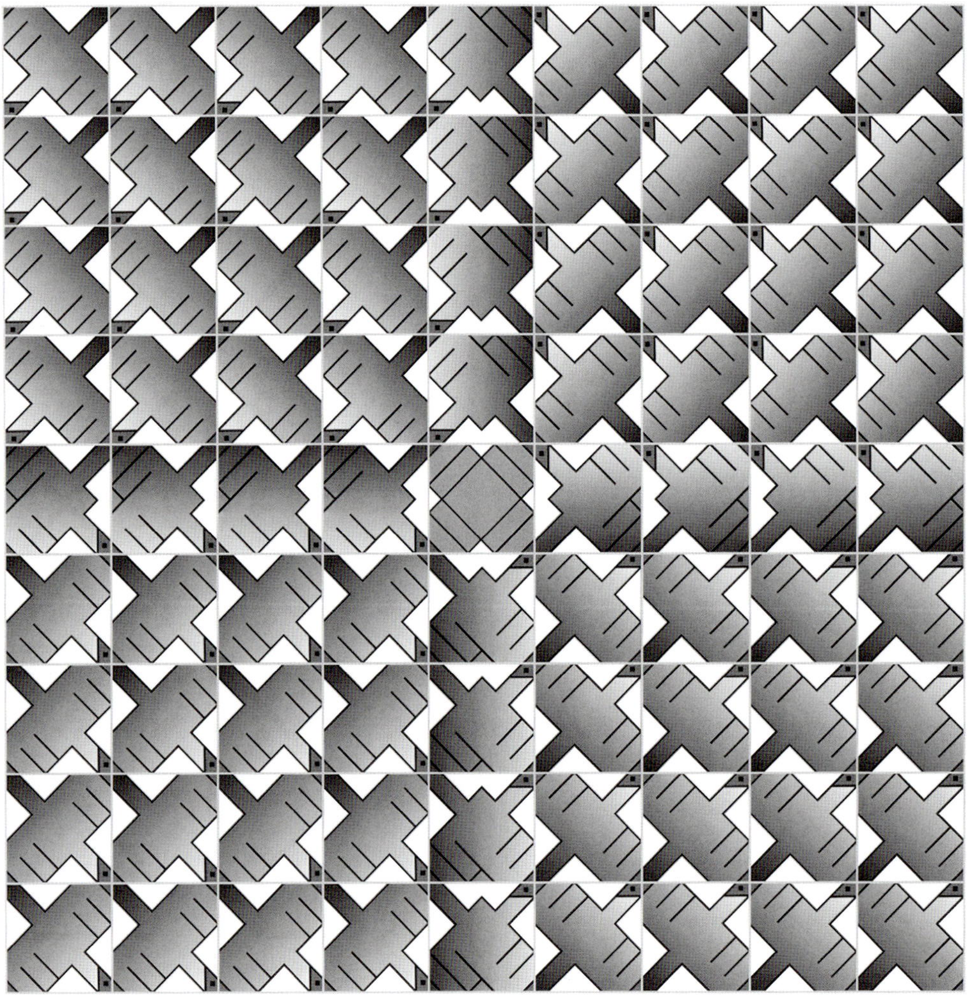

Kitaokas „Café-Escher"-Täuschung

Scheinen die Quadrate sich in der Mitte auszubuchten? Überprüfen Sie das mit einer geraden Kante.

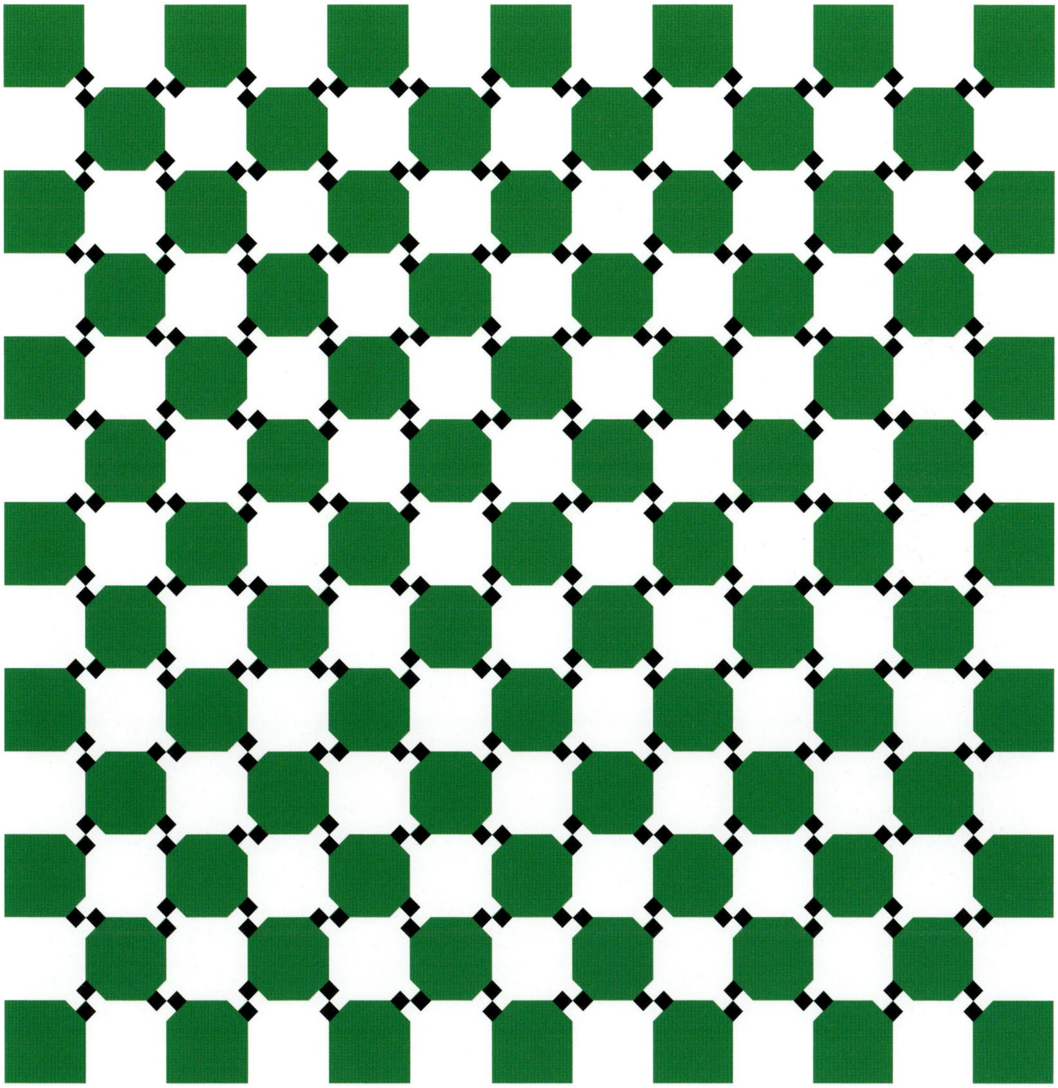

Kitaokas verzerrte Figur

Die vertikalen und horizontalen Kanten sehen verzerrt aus, die Figur erscheint gewellt.

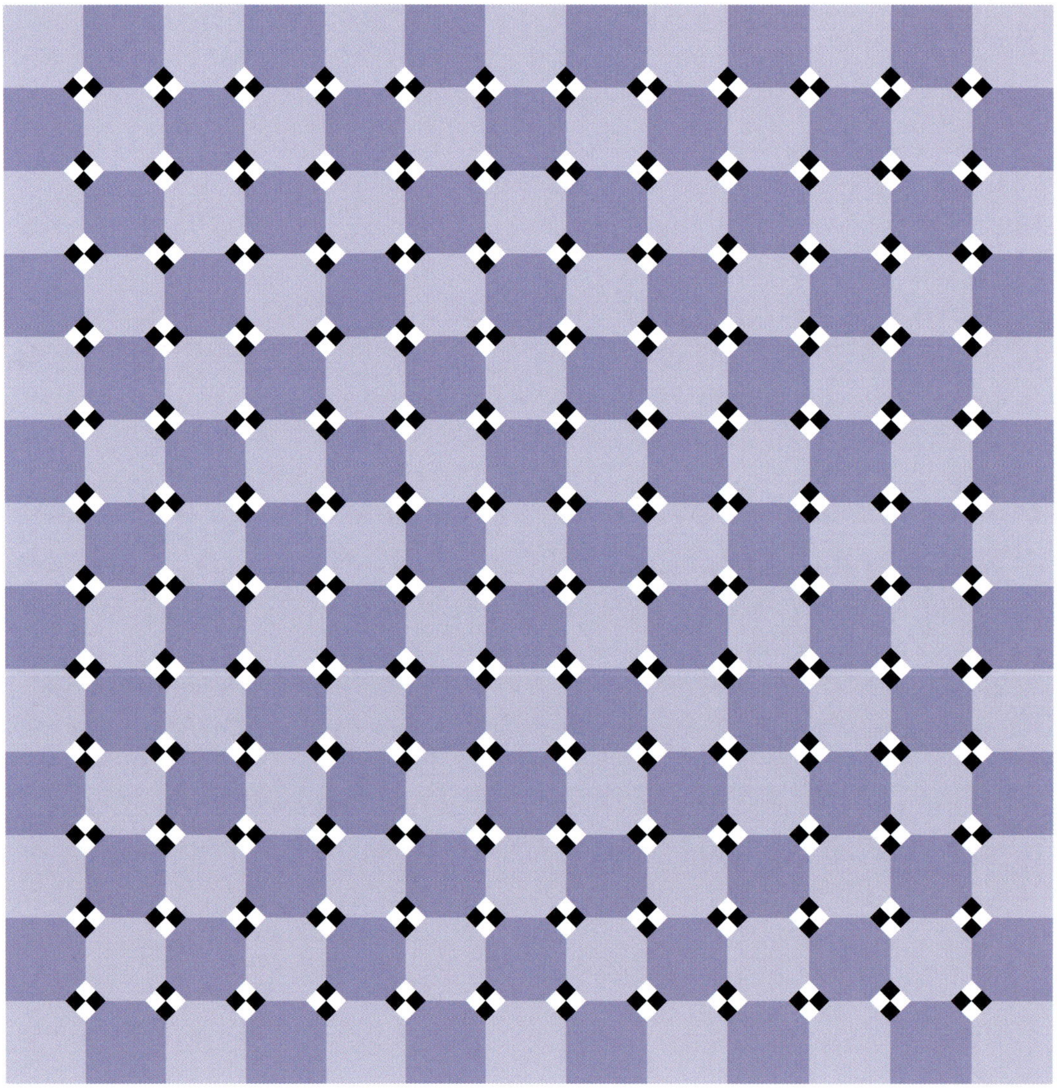

Männer mit Sonnenbrillen

Vertikale oder horizontale Kanten sehen verzerrt aus und jedes Viertel scheint sich zu bewegen.

Die Zöllner-Täuschung

Die horizontalen Linien sind parallel, wirken aber geneigt.

Blackmores Orientierungstäuschung

Erscheinen die vertikalen roten Linen in den beiden zentralen Abschnitten schräg in Bezug zu ihrer Umgebung?

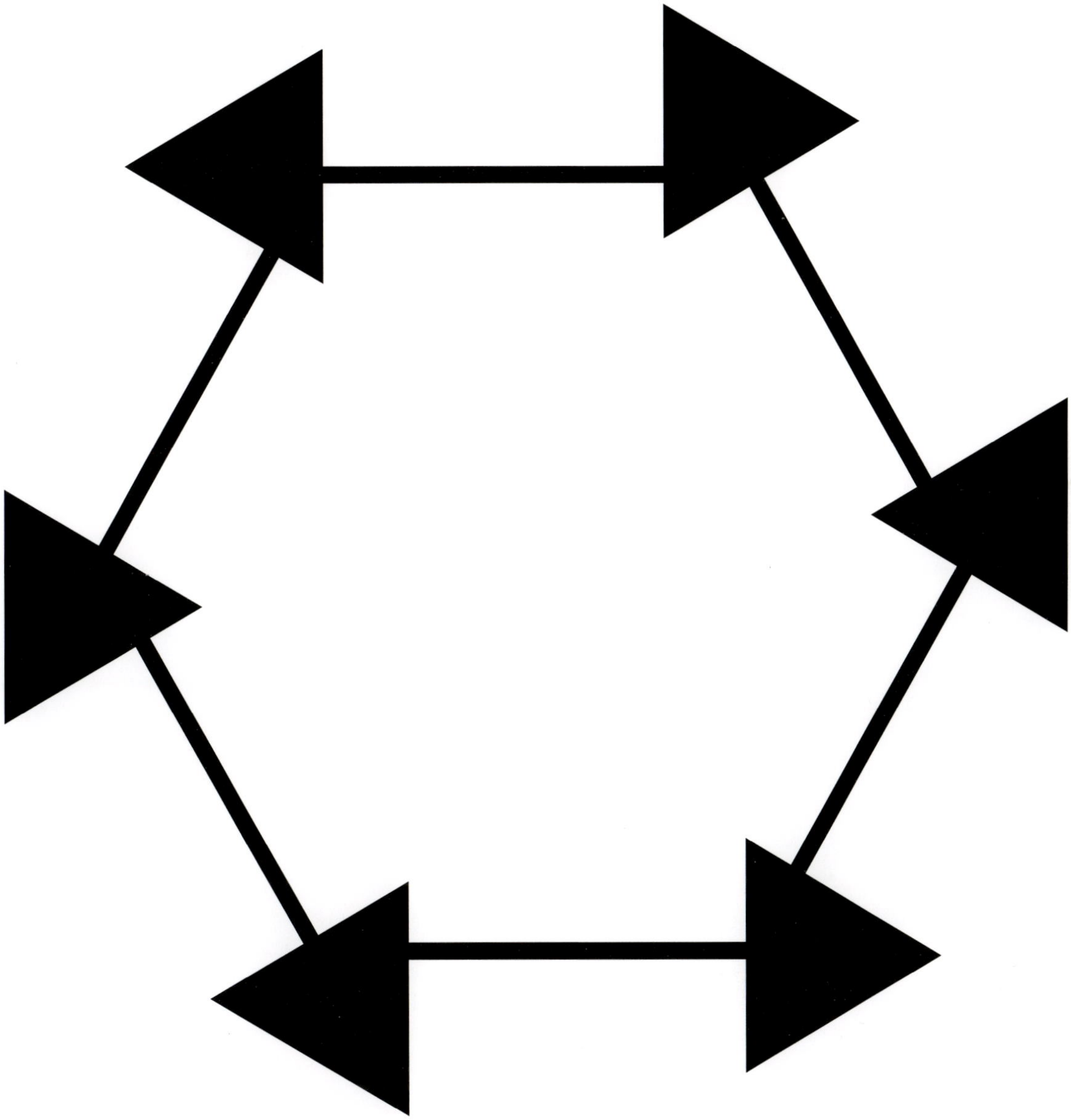

Gerbinos Täuschung

Sieht es so aus, als würden die Linien, wenn man sie verbinden würde, ein perfektes Sechseck ergeben?

PARALLELITÄTSTÄUSCHUNGEN
Was passiert hier?

Die Parallelitätstäuschung

Die Linien sind genau vertikal und parallel zueinander. Vermutlich entsteht die Täuschung durch orientierungssensible, einfache Zellen im primären Cortex, die aus unterbrochenen geneigten Linien eine einzelne geneigte Linie machen.

Die Cafémauertäuschung

Die Horizontalen sind genau parallel und die Keile eine Täuschung. Erstmals berichteten die berühmten Sehforscher Richard L. Gregory und Priscilla Heard 1979 von der Cafémauertäuschung. Ein Mitarbeiter von Gregorys Labor hatte bemerkt, dass die Vorderfront eines Cafés (St. Michael's Hill, Bristol, England) mit schwarzen und weißen Keramikfliesen verziert worden war. Die Fugen zwischen den Reihen waren gut sichtbar und das Schwarzweißmuster abwechselnd um eine halbe Fliese vor- bzw. zurückversetzt.

Die Fraser-Spiralentäuschung

Dies ist keine Spirale, sondern eine Reihe konzentrischer Kreise. Die Spirale entsteht aus einer Folge überlappender Bogensegmente innerhalb konzentrischer Kreise abnehmender Größe. Die Fraser-Spiralentäuschung ist so stark, dass sie sogar zu falschem Folgen mit dem Finger führen kann! Erfahrung oder Wissen um die wahre Beschaffenheit verkleinert den Effekt nicht sehr.

Die Kraft der Illusion nimmt jedoch stark ab, wenn sie eine Hälfte der Abbildung abdecken. Das bedeutet, dass die Täuschung mit der gesamten Bildverarbeitung und Gruppierung im Bildkontext zu tun hat. In diesem Fall hier wird die „Drehung" an jedem Abschnitt des Kreises über die gesamten Kreise weitergegeben, was zum Spiraleneffekt führt. Daher nehmen wir Spiralen immer dann wahr, wenn konzentrische Kreise aus Linien bestehen, die Neigungsillusionen in übereinstimmender Richtung erzeugen.

Die Fraser-Spirale ist mit anderen Parallelitätstäuschungen verwandt und gehört zu den komplexesten Illusionen in dieser Kategorie. An der visuellen Verarbeitung dieser Täuschung sind noch weitere Faktoren beteiligt. James Fraser, ein britischer Psychologe, entdeckte sie 1906.

Wilcoxs verzerrte Kreise

Diese Variation der Fraser-Spirale besteht ebenfalls aus konzentrischen Kreisen. Geschaffen hat sie James Wilcox, ein zwölfjähriger Künstler.

Pinnas Verschränkungstäuschung

Die neue Art von Parallelitätstäuschung wurde kürzlich vom italienischen Sehforscher Baingio Pinna entdeckt. Bis jetzt sind die Ursachen für diesen Effekt nicht geklärt, obwohl man weiß, dass die gegensätzliche Ausrichtung der Objekte, der Sehabstand und die geometrische Distanz wichtig sind. Wenn man die Ausrichtung der aus Quadraten bestehenden Kreise verändert, werden sie als Spirale wahrgenommen.

Kitaokas „Café-Escher"-Täuschung

Diese völlig neue Variation einer Parallelitätstäuschung mit dem Titel „Café-Escher"-Täuschung stammt vom japanischen Sehforscher und Op-Art-Künstler Akiyoshi Kitaoka.

Kitaokas verzerrte Figur

Dies ist eine weitere Variation einer Parallelitätstäuschung von Akiyoshi Kitaoka.

Männer mit Sonnenbrillen

Diese Parallelitätstäuschung von Akiyoshi Kitaoka birgt auch eine relative Bewegung.

Die Zöllner-Täuschung

Im letzten Jahrhundert traten eine Reihe von Parallelitätstäuschungen durch schraffierte Linien auf. Johann Zöllner, der diese Täuschung 1860 entdeckte, löste internationales Interesse an der Erforschung optischer Täuschungen aus und es wurden Unmengen an Studien darüber veröffentlicht. Zöllner dachte, dass die Täuschung am stärksten ist, wenn die Schraffuren die Hauptlinien in einem Winkel von 45° kreuzen. Weitere Studien zeigten jedoch, dass der maximale Effekt zwischen 10 und 30° auftritt. Manche Studien ergaben, dass die Illusion bei jedem Winkel von 0 bis 90° auftritt, doch dies wurde durch Referenzstudien nicht belegt. Die japanischen Sehforscher Kitaoka und Ishihara legten kürzlich Hinweise darauf vor, dass die Zöllner-Täuschung aus drei elementaren Täuschungen besteht: zwei davon sind spitzwinkelige Expansionstäuschungen, eine ist eine spitzwinkelige Kontraktionstäuschung. Eine Expansionstäuschung gehört zum lokalen Typus, die anderen sind global.

Blackmores Orientierungstäuschung

Die Linien sind sowohl vertikal als auch parallel.

Es ist nicht klar, wodurch diese Illusion, die mit der Zöllner-Täuschung verwandt ist, entsteht, doch eine Theorie beruht auf der Tatsache, dass es hemmende Interaktionen zwischen den ausrichtungssensiblen Neuronen im primären visuellen Cortex gibt (V1). Anders gesagt, manche Zellen reagieren stärker auf Unterschiede als auf Gleichheiten in einem Bild. Dies kann die Ausrichtung der Linien betonen. Neuronale Inhibition ist ein mächtiges Werkzeug, um Merkmale eines Bildes herauszuarbeiten, doch hier spielt die Inhibition eine etwas andere Rolle. Diese Täuschung wurde erstmals vom englischen Sehforscher Colin Blackmore 1973 beschrieben und ist mit dem Effekt des verzerrten Nachbildes verwandt.

Gerbinos Täuschung

Die Linien würden, wenn man sie verbindet, ein perfektes Sechseck bilden. Die Schnittpunkte sind durch Dreiecke verdeckt. Das visuelle System neigt dazu, Linien fortzusetzen, wenn sie hinter einem Objekt verschwinden, wie in diesem Fall. Der Endpunkt jeder Linie scheint jeweils beim Mittelpunkt eines Dreiecks zu liegen, wodurch die eine Verzerrung wahrgenommen wird. Diese Täuschung entdeckte der italienische Sehforscher Walter Gerbino.

3 OBJEKT/HINTERGRUND-ILLUSIONEN

Es ist überaus wichtig, dass unser Sehsinn die Muster auf der Netzhaut als äußere Objekte interpretieren kann. Dazu muss es zwischen Objekt und Hintergrund unterscheiden können. Dieser Wahrnehmungsprozess ist derart bedeutend, dass unser visuelles System eine Reihe von Regeln entwickelt hat, um ein Objekt von seinem Hintergrund zu unterscheiden. Meistens ist es relativ einfach und Schwierigkeiten treten nur dann auf, wenn versucht wird, ein Objekt auf natürliche oder künstliche Weise zu tarnen.

In diesem Kapitel betrachten wir einige Illusionen, bei denen die Unterscheidung zwischen Objekt und Hintergrund absichtlich erschwert oder mehrdeutig gemacht wurde. Durch Manipulation von Konturen und Regeln, anhand derer das visuelle System Objekt von Hintergrund unterscheidet, können Bilder geschaffen werden, bei denen Objekt und Hintergrund abwechselnd hervortreten. In diesen Fällen gibt es sowohl für das Objekt als auch für den Hintergrund eine sinnvolle Interpretation, wodurch so genannte „Umspringbilder" entstehen.

Objekt/Hintergrund-Illusionen sind seit dem späten 19. Jahrhundert beliebt und erschienen im 20. Jahrhundert auf Puzzlespielen, Postkarten und Werbeplakaten. Es ist interessant, dass die ersten Gestaltpsychologen anhand vieler dieser Bilder verschiedene Aspekte von Wahrnehmung und Gestaltbildung untersuchten.

Verstecktes Profil einer Königin und ihres Gemahls

Finden Sie die Profile von Königin Elizabeth II. und ihres Gemahls, Prinz Philip?

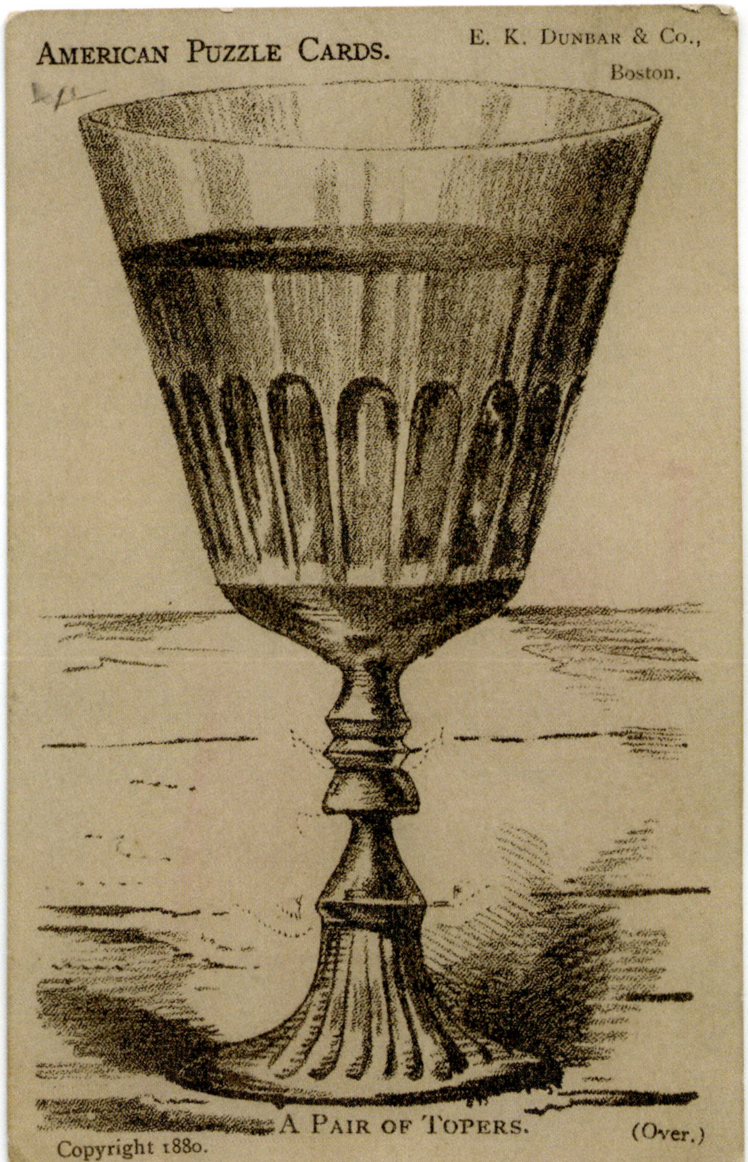

Das Original der Gesicht/Vase-Illusion

Es ist einfach, den Kelch zu sehen, aber entdecken Sie auch die beiden Profile?

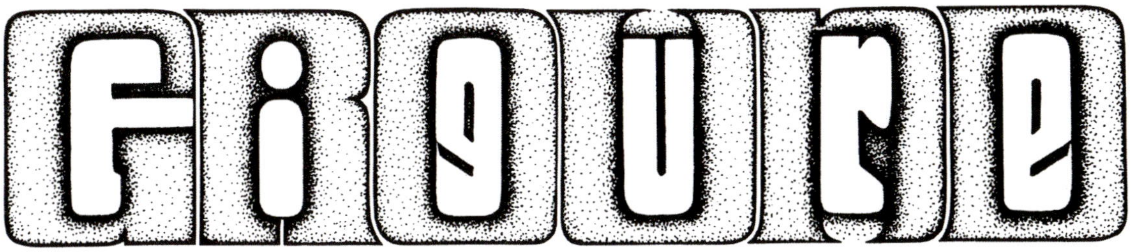

Finden Sie Figur und Hintergrund?

Hier stehen die Wörter „Figure" und „Ground" geschrieben. Finden Sie sie?

Werkzeuge

Finden Sie die fehlenden Werkzeuge?

Plötzlicher Richtungswechsel

Starren Sie auf die Fische in dieser Abbildung: sie werden zuerst nach links schwimmen und dann plötzlich nach rechts.

Sara Nader

Finden Sie das Gesicht der Frau, der der Mann ein Ständchen bringt? Diese Illusion stammt von Roger Shepard.

Eine Maus führt eine Katze an der Nase herum

Versteckt sich die Katze vor der Maus oder die Maus vor der Katze? Diese fotografische Illusion stammt von Digitalkünstlerin Alice Klarke und beruht auf einer Originalzeichnung des englischen Künstlers Peter Brooks.

Der heilige Georg und der Drache

Finden Sie sowohl das Porträt des heiligen Georg als auch die Darstellung, in der er den Drachen tötet?

Napoleons Geist an seinem Grab

Finden Sie die stehende Napoleon-Figur?

Bedeutsame Veilchen

Finden Sie die drei Profile (Napoleon, seine Frau und seinen Sohn), die zwischen den Blättern verborgen sind? Diese Karte von einem unbekannten Künstler entstand ungefähr 1815.

Eitelkeit

Sehen Sie den Totenkopf?

Verlockende Balustrade

Finden Sie die Figuren, die sich zwischen den Säulen verbergen? Diese Objekt/Hintergrund-Illusion stammt von Roger Shepard.

OBJEKT/HINTERGRUND-ILLUSIONEN

Was passiert hier?

Die original Gesicht/Vase-Illusion

Sie erkennen die Profile zu beiden Seiten der Vase, wenn Sie die Karte umdrehen. Diese amerikanische Rätselkarte erschien 1880. Doch die Ursprünge dieser Illusion reichen noch weiter zurück. Beispiele dafür finden sich in französischen Drucken aus dem 18. Jahrhundert, wobei die Porträts nicht nur eine Vase entstehen lassen, sondern selbst auch ganz bestimmte Personen darstellen.

Finden Sie Figur und Hintergrund?

Der dunklere „Hintergrund" stellt das Wort „ground" dar. Der Psychologe Roger Shepard aus Stanford schuf diese Objekt/Hintergrund-Illusion.

Der heilige Georg und der Drache

Diese Objekt/Hintergrund-Illusion stammt von Sandro Del Prete. Im Haar des heiligen Georg werden Sie die Kampfszene finden.

Napoleons Geist an seinem Grab

Napoleon versteckt sich zwischen den Bäumen. Kurz nach Napoleons Tod gab es viele Versionen solcher Darstellungen, in denen sein Geist an seinem Grab steht.

Eitelkeit

Charles Gilbert, ein amerikanischer Zeitschriftenillustrator aus der Zeit um 1905, schuf diese klassische Illusion mit dem Titel „Alles ist Eitelkeit". Sie war sehr populär und wurde oftmals kopiert, auch vom spanischen Surrealisten Salvador Dalí.

4 FEHLSCHÄTZUNGEN

Die älteste bekannte Art von Täuschungen besteht aus einfachen geometrischen Figuren, bei denen Schätzungen bezüglich Ausdehnung oder Fläche vorgenommen werden. Die meisten davon wurden Mitte bis Ende des 19. Jahrhunderts entdeckt. Ihnen wurden unzählige wissenschaftliche Studien gewidmet. Bis heute war keine Theorie in der Lage, diese einfachen Täuschungen vollständig zu erklären, trotz der Tatsache, dass diese Illusionen für so gut wie alle Beobachter gleich sind.

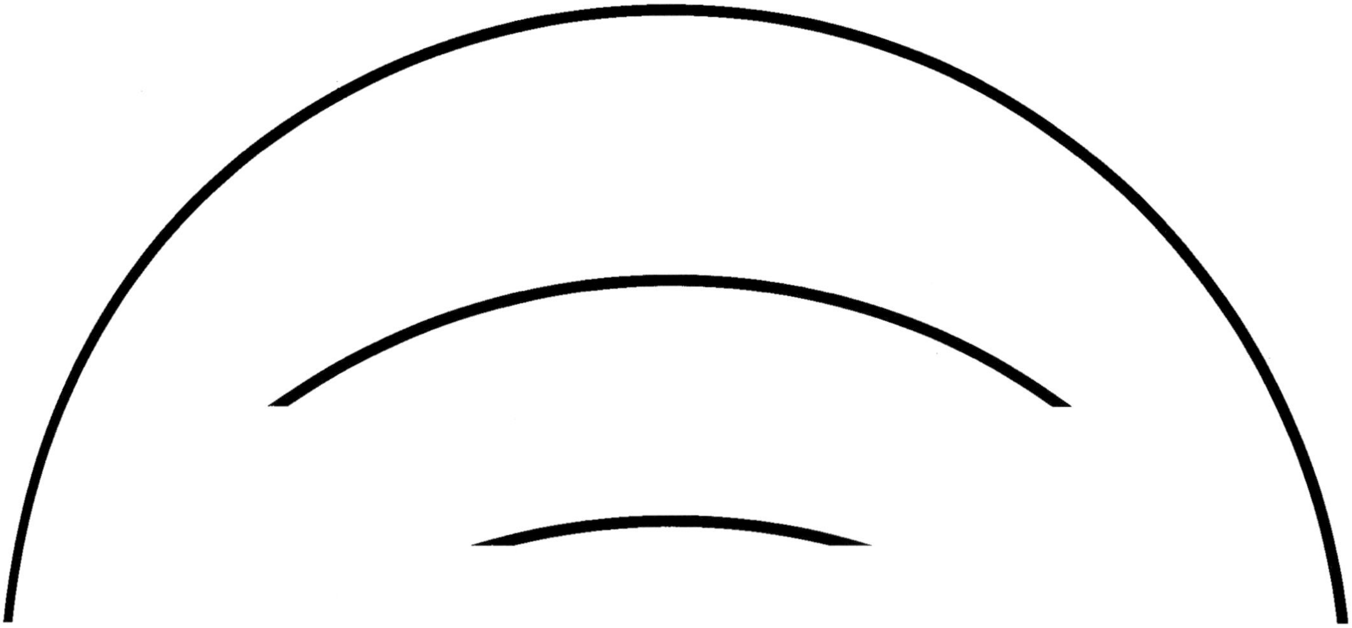

Tolanskys Krümmungstäuschung

Stimmt die Krümmung der drei Bogensegmente überein?

Die Wundt-Täuschung

Welche alte Dame sieht größer aus?

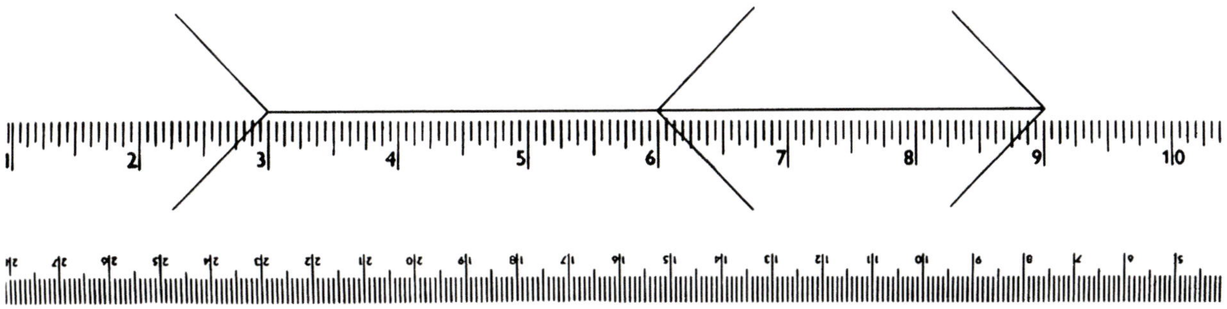

Die Müller-Lyer-Täuschung

Welcher Streckenabschnitt erscheint länger?

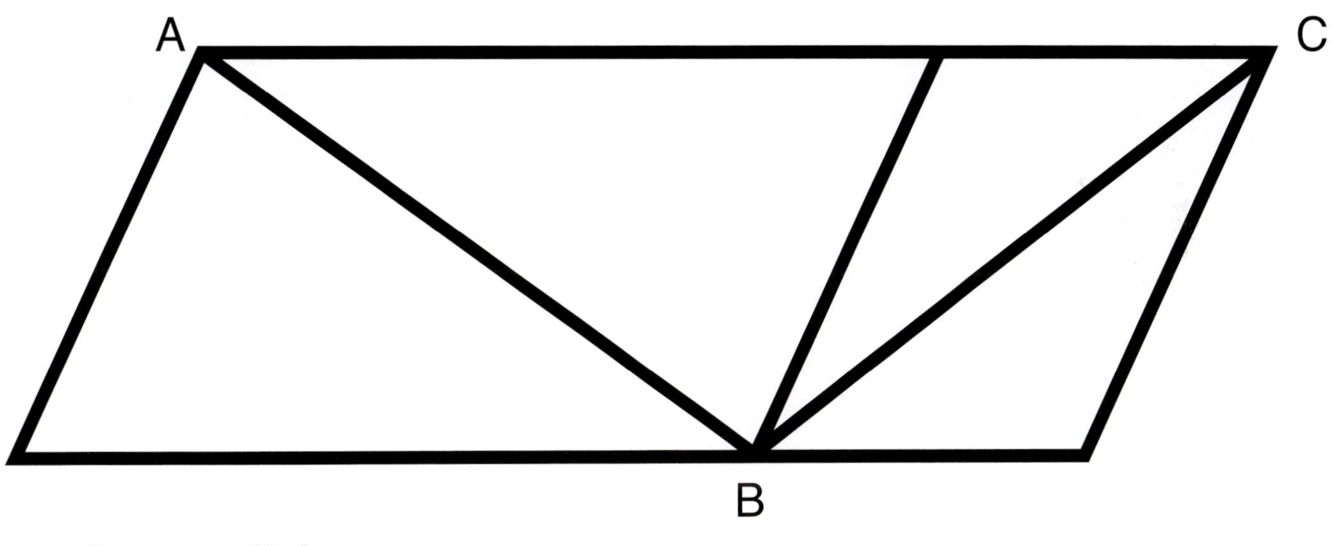

Sanders Parallelogramm

Erscheint die Strecke AB länger als die Strecke BC?

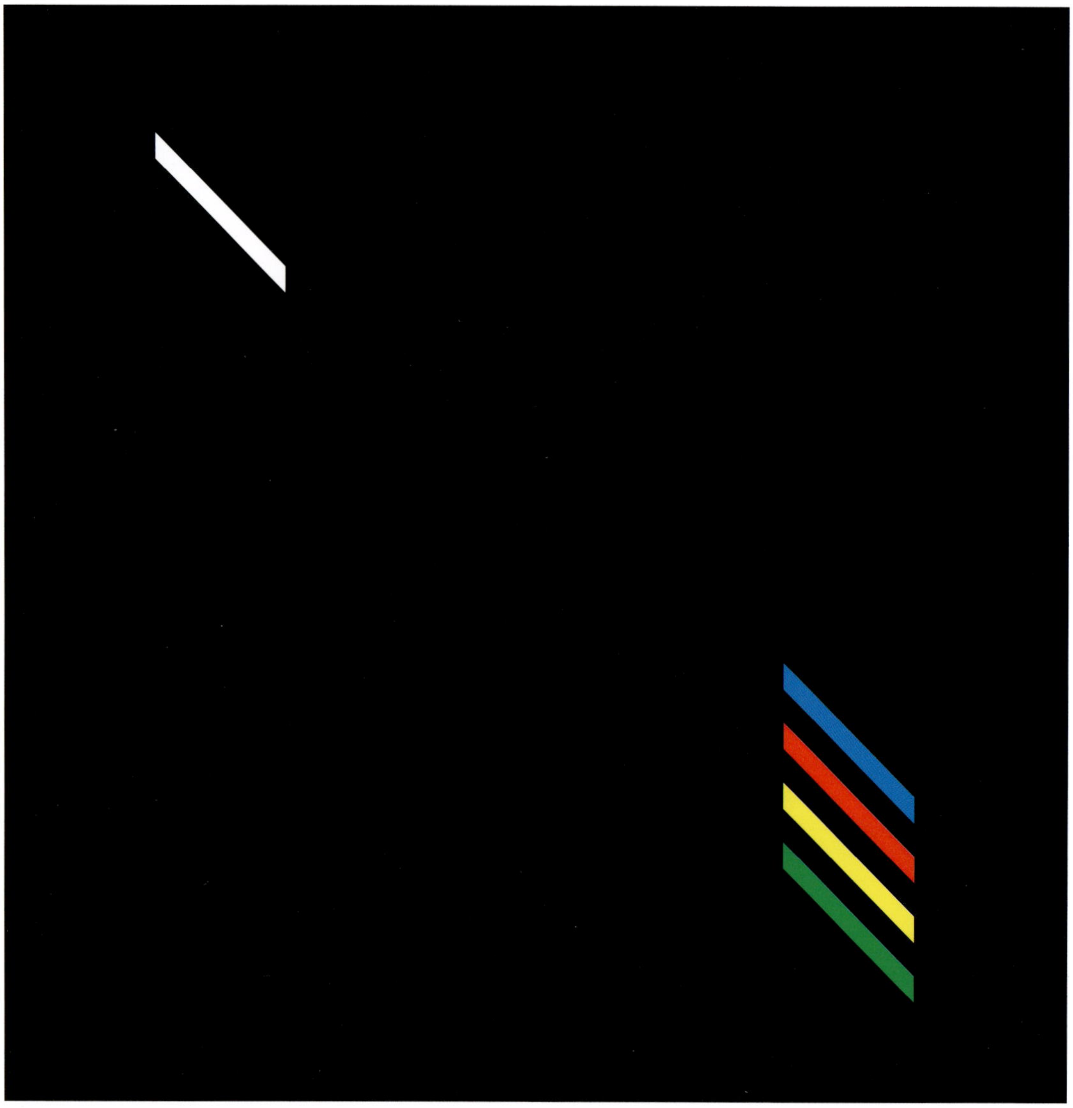

Die Poggendorf-Täuschung

Mit welcher der bunten Linien trifft sich die weiße Linie?

Die Zylinderhut-Täuschung

Ist der Zylinder höher als die Krempe breit ist?

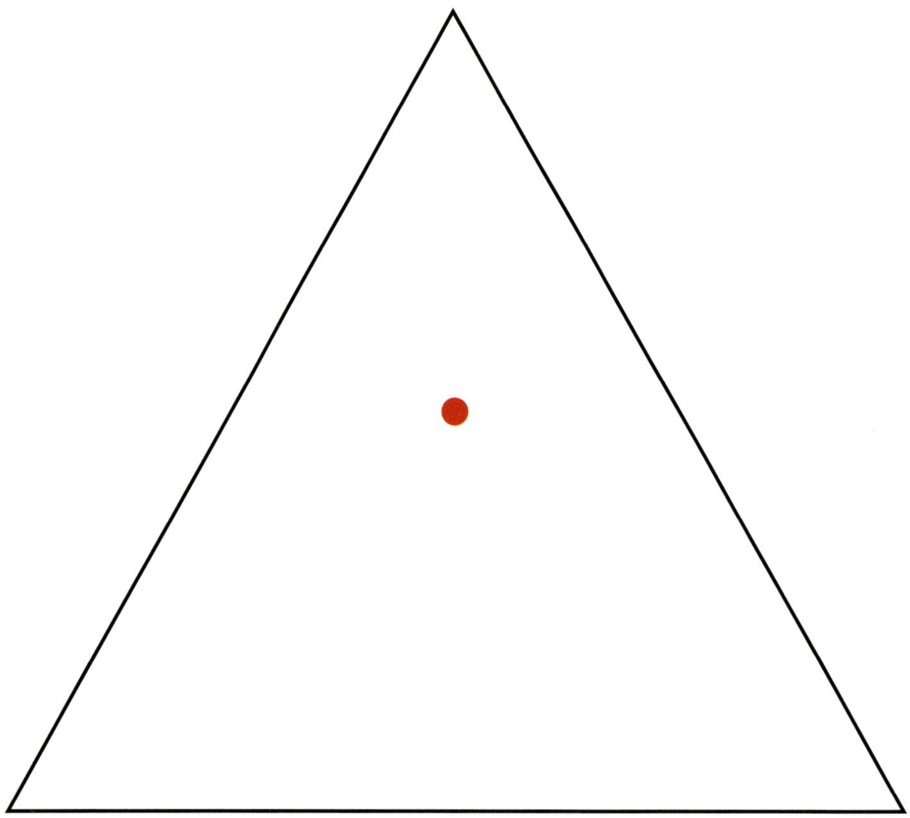

Täuschung in der geschätzten Höhe

Liegt der rote Punkt näher an der Spitze des Dreiecks als an der Basis?

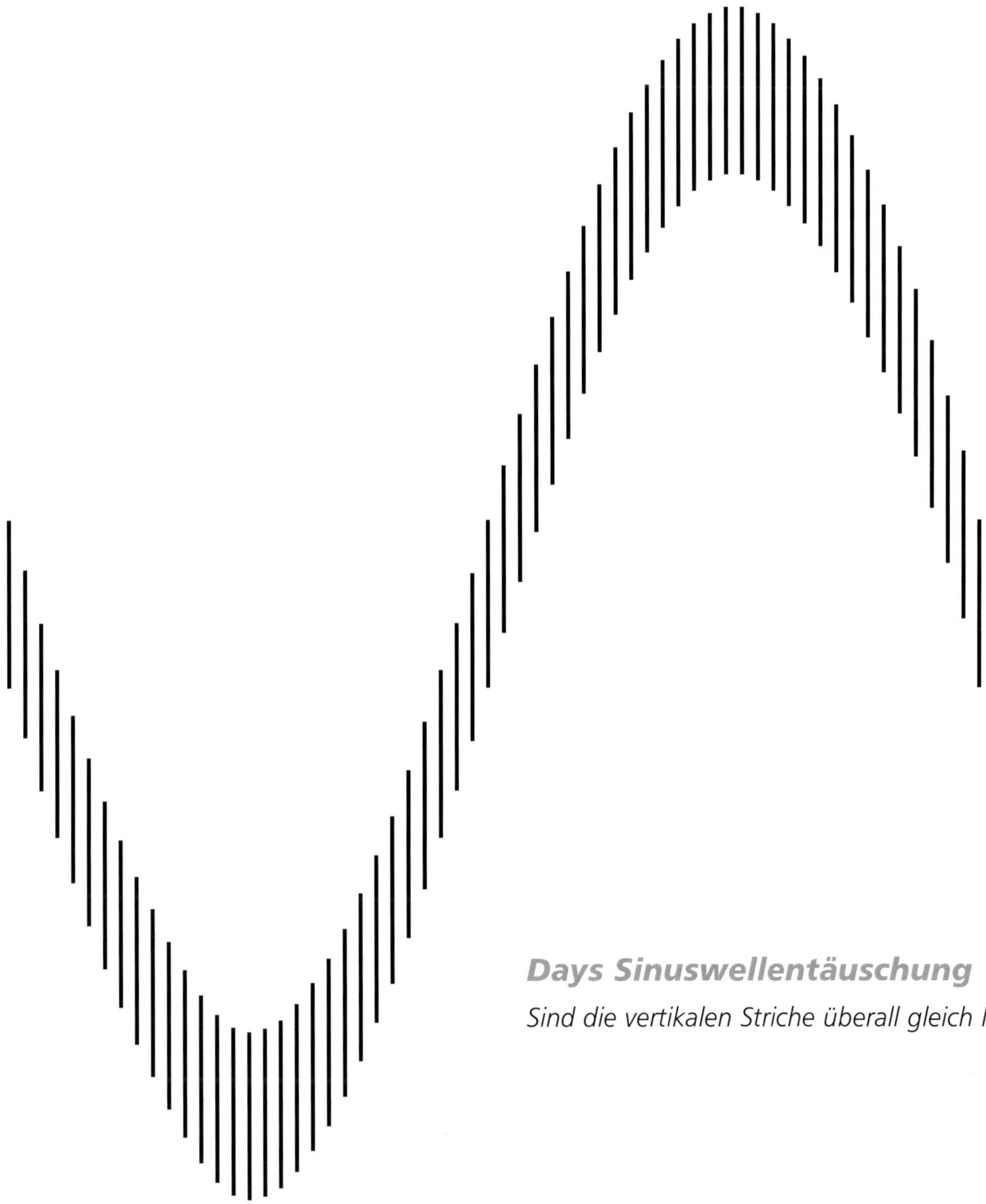

Days Sinuswellentäuschung

Sind die vertikalen Striche überall gleich lang?

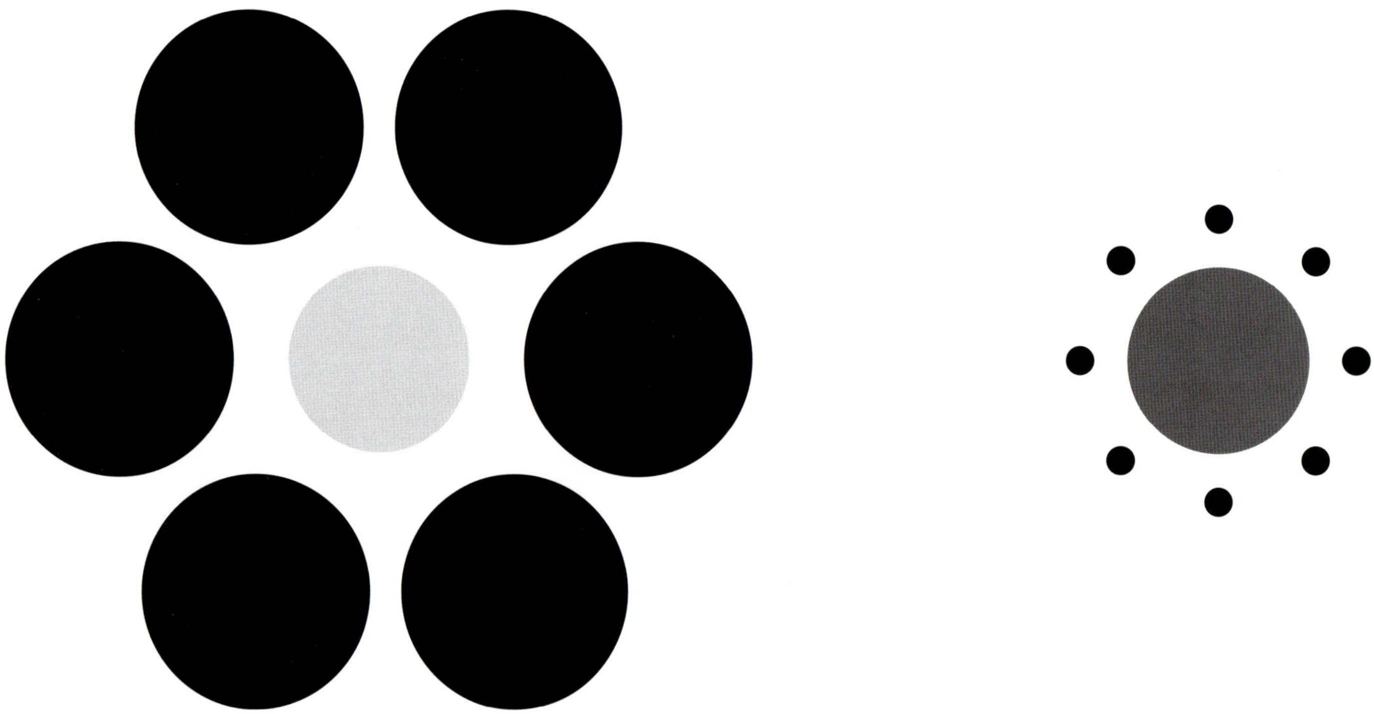

Die Ebbinghaus-Täuschung

Welcher innere Kreis wirkt größer?

FEHLSCHÄTZUNGEN **Was passiert hier?**

Tolanskys Krümmungstäuschung

Die drei Kreisbögen scheinen stark unterschiedlich gekrümmt, doch ihre Krümmung ist gleich. Die unteren beiden Abschnitte sind bloß kürzere Ausschnitte aus dem obersten Bogen. Die ersten visuellen Rezeptoren interpretieren die Welt nur in Form von kurzen Kreisbögen. Krümmung wird dann wahrgenommen, wenn die relative Position dieser Bögen in einem großen Bereich zusammengenommen wird. Wenn nur ein kleiner Kreisabschnitt vorliegt, kann Ihr visuelles System die Krümmung nicht exakt wahrnehmen.

Ein anderer Erklärungsansatz für diese Täuschung basiert auf Assimilation. Der Assimilationstheorie zufolge nimmt eine Person, wenn sie Objekte in einer visuellen Reihe größenmäßig vergleicht, jedes Objekt in der durchschnittlichen Größe der anderen beteiligten Objekte wahr. Die Assimilationstheorie meint, dass der Bogen des mittleren Kreisabschnitts insgesamt länger erscheint, weil er nahe am kurzen Bogen des ersten liegt.

Die Wundt-Täuschung

Die beiden Figuren sind absolut identisch, was Größe und Form betrifft. Diese Illusion, entdeckt von Wilhelm Wundt im 19. Jahrhundert, ähnelt der im letzten Beispiel beschriebenen Krümmungstäuschung.

Die Müller-Lyer-Täuschung

Beide Abschnitte sind exakt gleich lang. Bei nach innen gerichteten Pfeilen wird die Länge überschätzt, sind sie nach außen gerichtet, wird die Länge unterschätzt. Dieser Klassiker wurde 1889 vorgestellt und ist wahrscheinlich die berühmteste und am häufigsten abgedruckte Täuschung. Seit damals haben unzählige Theorien versucht, sie zu erklären, doch bis heute gibt es keine befriedigende Erklärung für diesen Effekt.

Sanders Parallelogramm

Die beiden Strecken sind gleich lang. Diese Täuschung ist stärker als die klassische Müller-Lyer-Täuschung, obwohl man bis heute nicht weiß, warum. Die Täuschung wurde 1926 entdeckt.

Die Poggendorf-Täuschung

Die weiße Linie ist die Verlängerung der gelben Linie, auch wenn Sie es vielleicht nicht so wahrnehmen. Die Poggendorf-Täuschung ist eine der berühmtesten Illusionen. Da sie bereits mehr als 140 Jahre alt ist, gibt es eine Fülle von Theorien zu ihrer Begründung. In jüngster Zeit haben interaktive Versionen neue Eigenschaften und Variationen dieser Täuschung enthüllt. Doch leider gibt es bis heute keine Theorie, die all die wahrgenommenen Variationen angemessen erklären kann. Doch es lohnt sich, die am weitesten verbreitete Theorie, die zur Erklärung entwickelt wurde, näher zu betrachten.

Eine Theorie, die lange Zeit sehr populär war, hatte ihre Ursprünge in den Theorien, die der Physiologe Hermann von Helmholtz im 19. Jahrhundert entwickelt hatte; sie besaß sogar eine neuronale Untermauerung und beruhte auf der Überschätzung spitzer Winkel.
Der Theorie zufolge besitzen wir Orientierungsdetektoren, die spitze Winkel übertreiben und stumpfe Winkel verkleinern. Basis der Theorie sind die Arbeiten von Hubel und Wiesel, die im visuellen Cortex von Katzen Zellen entdeckten, die Konturhinweise auf der Netzhaut „ermitteln".

Hubel und Wiesel maßen die Aktivität einzelner Zellen in der primären Sehrinde einer Katze, während sie ihr einfache Formen präsentierten. Sie stellten fest, dass manche Zellen nur aktiv waren, wenn ein Lichtbalken in einem bestimmten Winkel gezeigt wurde. Verschiedene Zellen reagierten auf verschiedene Winkel. Eine angrenzende Kontur mit anderer Ausrichtung führte zu lateraler Inhibition: die Aktivität einer Nervenzelle hemmte die Wirkung angrenzender Neuronen.

Obwohl die Überschätzung spitzer Winkel bei einigen Verzerrungsillusionen auftritt, erklärt sie nicht vollständig, was bei der Poggendorf-Täuschung passiert. Dies wird deutlich, wenn wir den mittleren Balken entfernen. Die Täuschung besteht weiterhin, obwohl es keine vertikale Kontur gibt, die spitze bzw. stumpfe Winkel bildet. Es gibt keine Kontur, die eine laterale Inhibition der kontursensiblen Zellen hervorrufen kann.

Man kann auch einen der Winkel entfernen, um festzustellen, wie die Täuschung dadurch beeinflusst wird. Sie bleibt bestehen, wenn man den spitzen Winkel entfernt; den stumpfen Winkel zu entfernen hat wenig bis gar keinen Effekt.

Die Poggendorf-Täuschung entstand ursprünglich aus einer anderen berühmten Täuschung – der Zöllner-Täuschung. 1860 erhielt J. C. Poggendorf, Herausgeber einer Physik- und Chemiezeitschrift, einen Aufsatz von F. Zöllner, einem Astronom, in dem dieser eine Täuschung beschrieb, auf die er zufällig in einem Stoffmuster gestoßen war. In Zöllners Illusion scheinen parallele Linien, die durch kurze diagonale Linien gekreuzt werden, auseinander zu laufen.

Poggendorf bemerkte und beschrieb einen anderen Effekt des scheinbaren Auseinanderlaufens in Zöllners Darstellung. So wurde die Poggendorf-Täuschung entdeckt.

Die Zylinderhut-Täuschung

Höhe und Breite des Hutes sind gleich. Dies ist eine Variante der klassischen Täuschung mit dem umgekehrten „T", die Johann Oppel zugeschrieben wird. Oppel produzierte selbst mehrere Illusionen und war zum Großteil für das steigende Interesse an der Erforschung einfacher optischer Täuschungen verantwortlich. Doch die T-Täuschung stammt von dem Physiologen A. Fick, der sie 1851 in seiner Doktorarbeit beschrieb. Damit schuf er vielleicht die erste geometrische optische Täuschung. Es ist nicht ganz geklärt, wodurch sie entsteht. Doch die Täuschung bleibt aufrecht, wenn man die Figur um 90° dreht, also beruht sie nicht auf einer Asymmetrie der Netzhaut, wie ein Psychologe behauptet hatte.

Täuschung in der geschätzten Höhe

Der rote Punkt liegt genau in der Mitte der Höhe des Dreiecks, auch wenn er viel höher zu liegen scheint. Dies ist eine Variation der T-Täuschung, bei der Vertikale viel länger geschätzt werden als Horizontale mit derselben Länge. Die Täuschung funktioniert auch bei Anordnung in L-Form.

Days Sinuswellentäuschung

Alle Striche sind gleich lang.

Die Ebbinghaus-Täuschung

Die inneren Kreise sind gleich groß, auch wenn der Kreis, der von den kleinen Kreisen umgeben ist, größer aussieht als der andere. Dieser Effekt verringert sich mit zunehmendem Abstand zwischen den größeren und kleineren Kreisen.

Diese Täuschung entsteht durch eine Fehleinschätzung der Fläche. Das visuelle System beurteilt Größe oft durch den Kontrast zu anderen Objekten im Sichtfeld.

5 FARBTÄUSCHUNGEN

Auch wenn es möglich ist, unsere Farbwahrnehmung objektiv zu bestimmen, indem wir mit einem Gerät die Wellenlänge messen, ist dieses Gebiet sehr komplex und kaum geklärt. Eine grundlegende Aufgabe der Wahrnehmung ist die Unterscheidung zwischen Objekt und Hintergrund. In der sichtbaren Welt können Farben zusätzliche Hinweise darauf geben, was Hintergrund und was Vordergrund ist.

Wenn Sie mal versucht haben, nachts ein Auto zu kaufen, wissen Sie, dass die Beleuchtung einen großen Einfluss haben kann. Desgleichen wissen Künstler, dass eine Farbe in der Nähe einer anderen unsere Wahrnehmung der einzelnen Farbe dramatisch beeinflussen kann. Auch Hinweise aus dem Kontext können unsere Farbwahrnehmung verändern. Wenn Sie zum Beispiel die Reflexion von bunten Lichtern an einer Wand sehen, könnten die Farben, die Sie sehen, nicht die sein, die wirklich da sind. Das Gehirn kann die Richtung, aus der die Lichter kommen, kompensieren, daher sehen Sie eine Farbe, die näher an der der Glühbirne liegt als an dem Licht, das direkt von der Wand reflektiert wird. Unser visuelles System berücksichtigt tatsächlich die Physik des Lichts, das auf ein Objekt fällt, um eine Farbe zu bestimmen. Farbe wird einem Objekt erst dann zugeschrieben, wenn das visuelle System einberechnet hat, wie das Licht davon reflektiert wird.

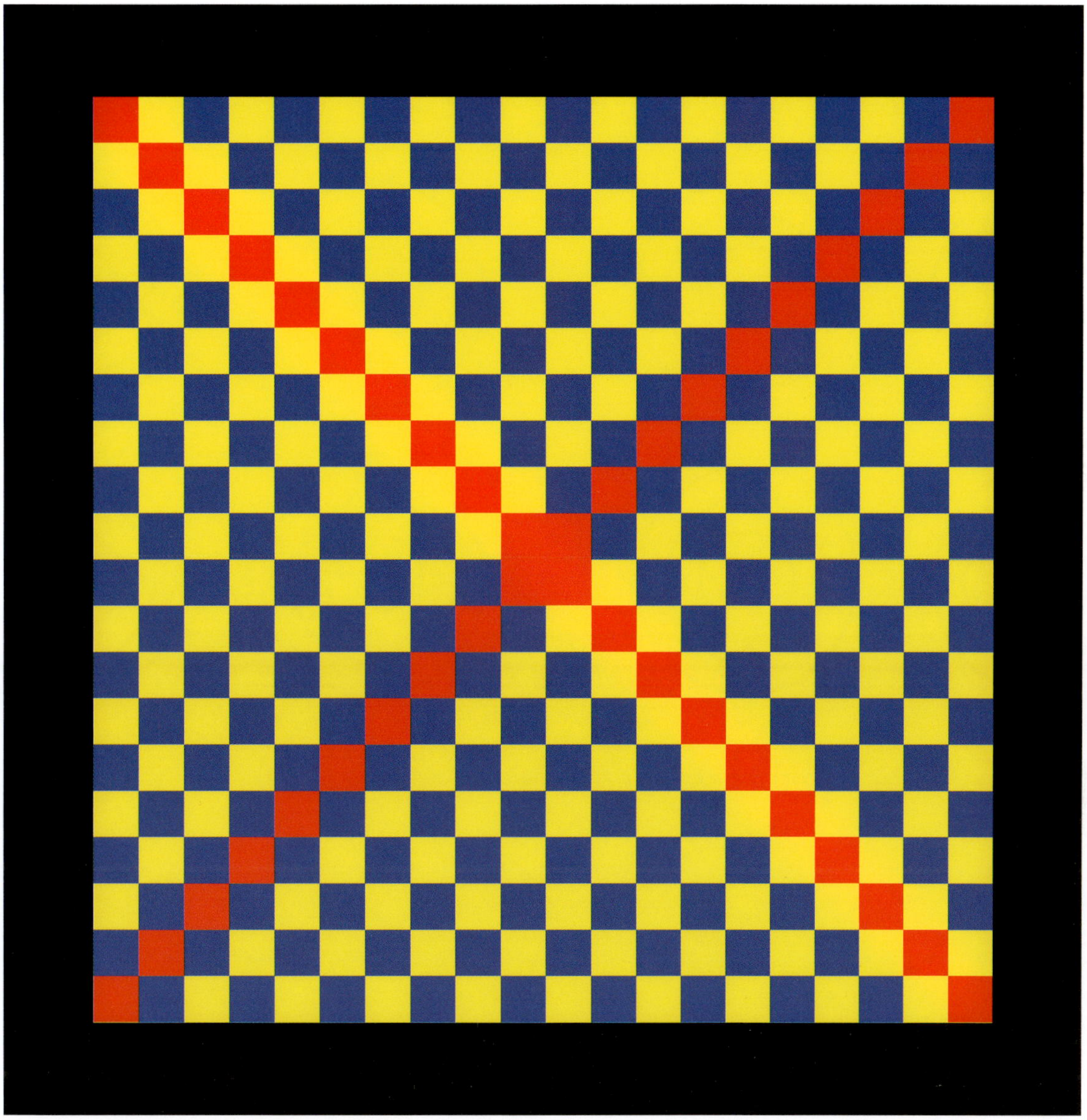

Farbassimilation

Weisen beide Diagonalen aus roten Quadraten denselben Rotton auf?

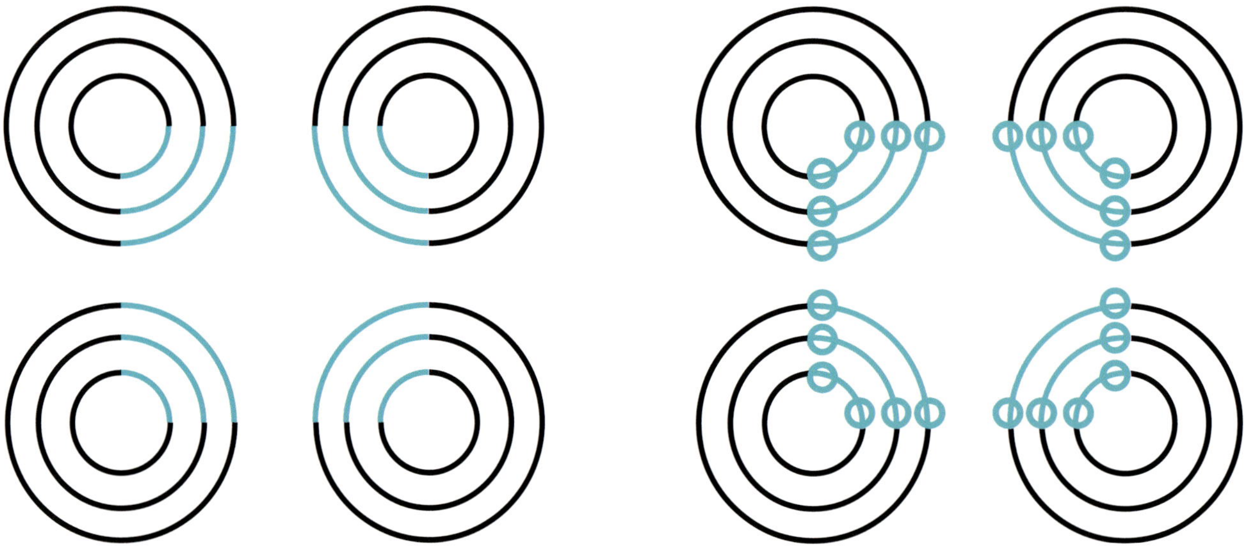

Neon-Farbschimmertäuschung

Nehmen Sie in dem Quadrat links einen blassen bläulichen Schimmer wahr?

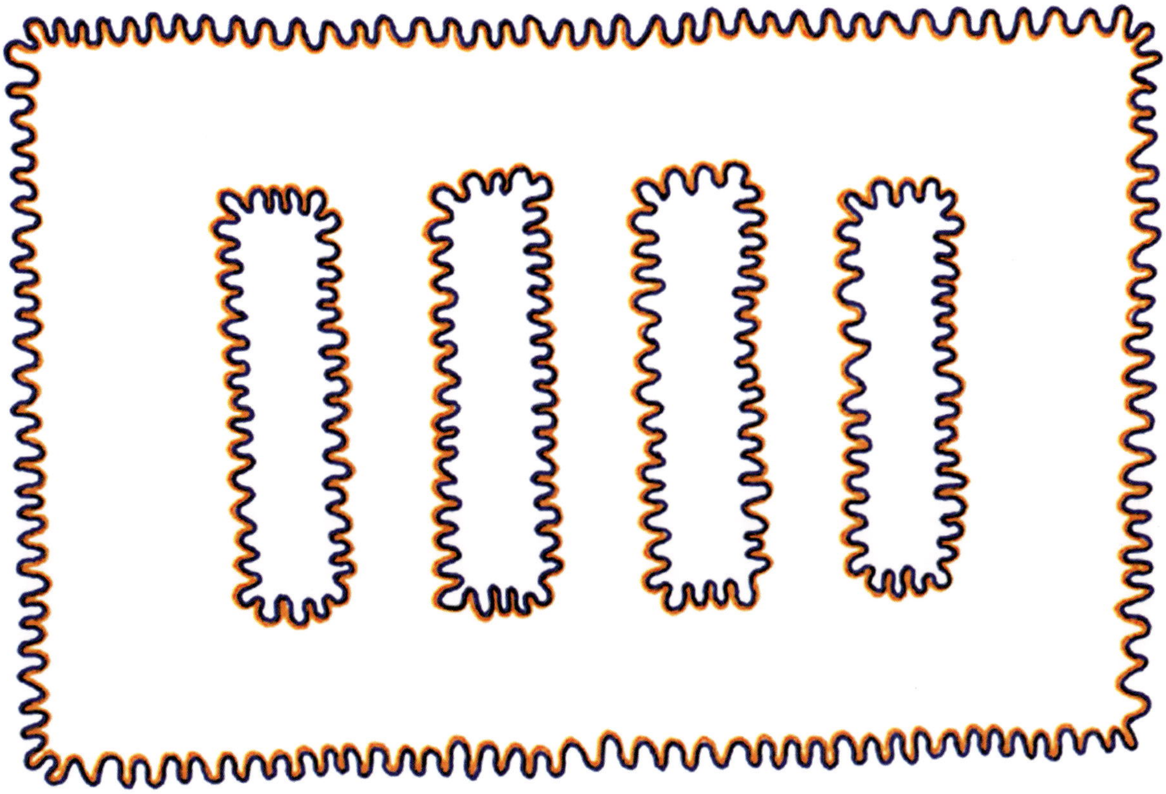

Pinnas Wasserfarbeneffekt

Nehmen Sie in der umgrenzten Fläche Farbe wahr?

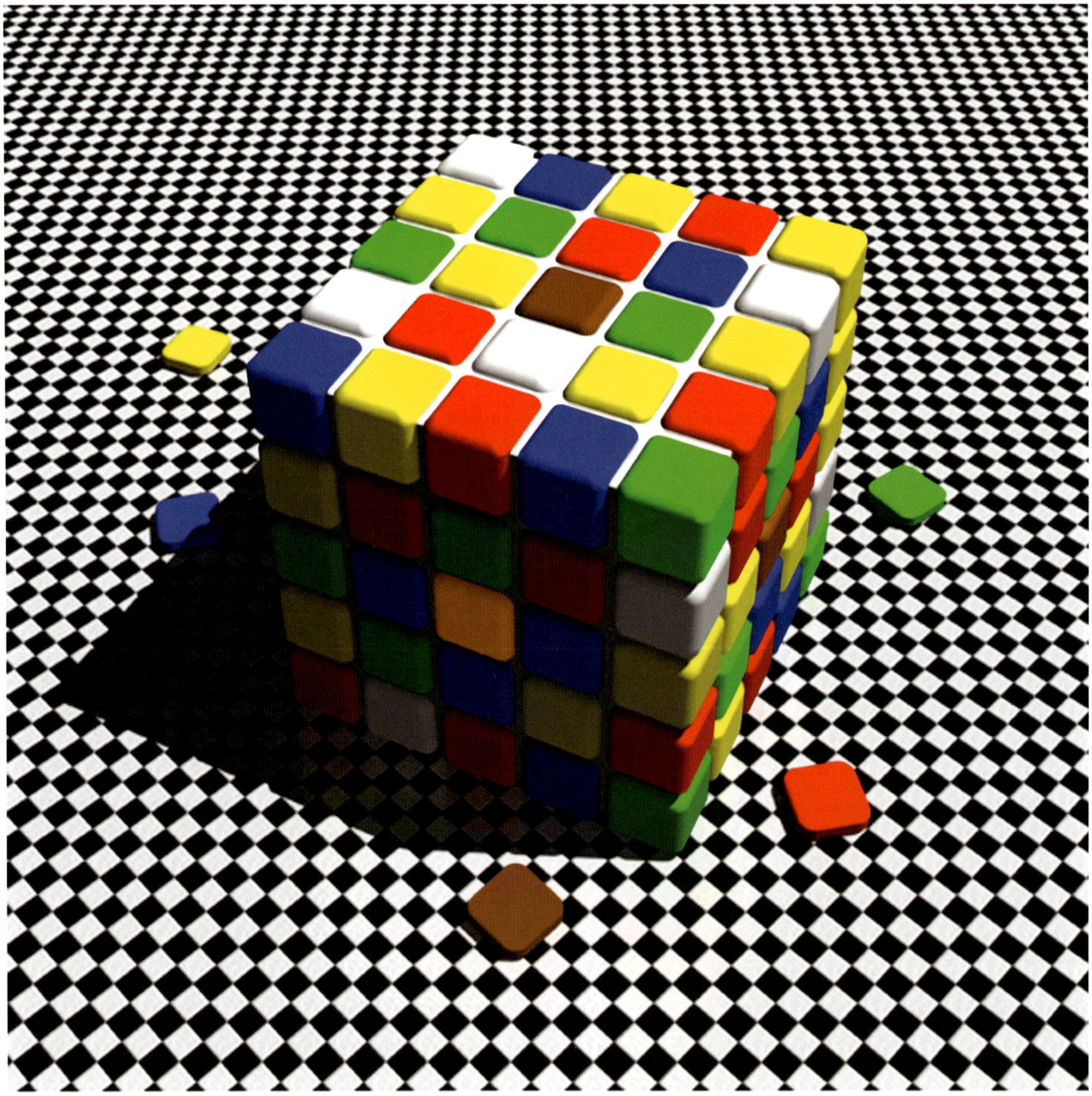

Purves und Lottos Rubik-Würfel-Farbtäuschung

Sieht es so aus, als hätte das „braune" Quadrat an der Oberseite des Rubik-Würfels die gleiche Farbe wie das „gelborange" Quadrat in der Mitte der Seite im Schatten? Sicherlich nicht, aber bis jetzt haben wir Sie doch immer an der Nase herumgeführt, oder?

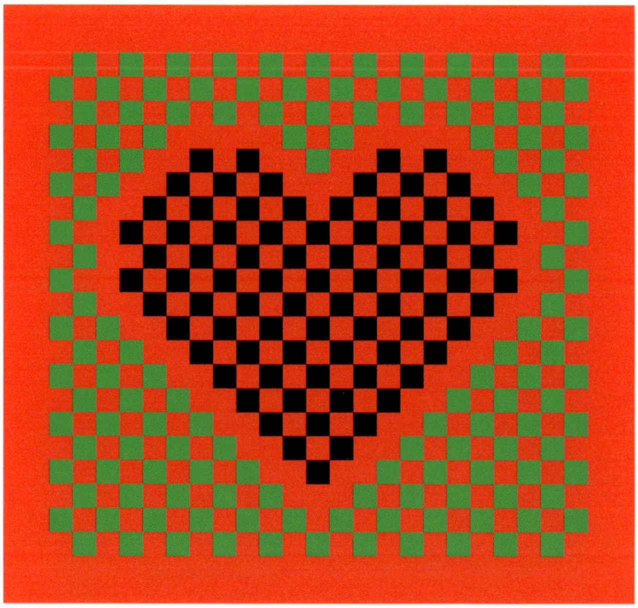

Räumliches Farbsehen

Betrachten Sie die verschiedenen Herzen. Welches scheint über dem Hintergrund zu schweben, welches scheint einzusinken? Wenn Sie Ihren Kopf oder das Bild bewegen, bemerken Sie vielleicht, dass sich die Herzen zu bewegen scheinen.

Kitaokas aufsteigende Drachen

Das Rot ist im gesamten Bild dasselbe, doch es scheint bläulich-rot hinter blauen Linien und orangerot hinter gelben Linien.

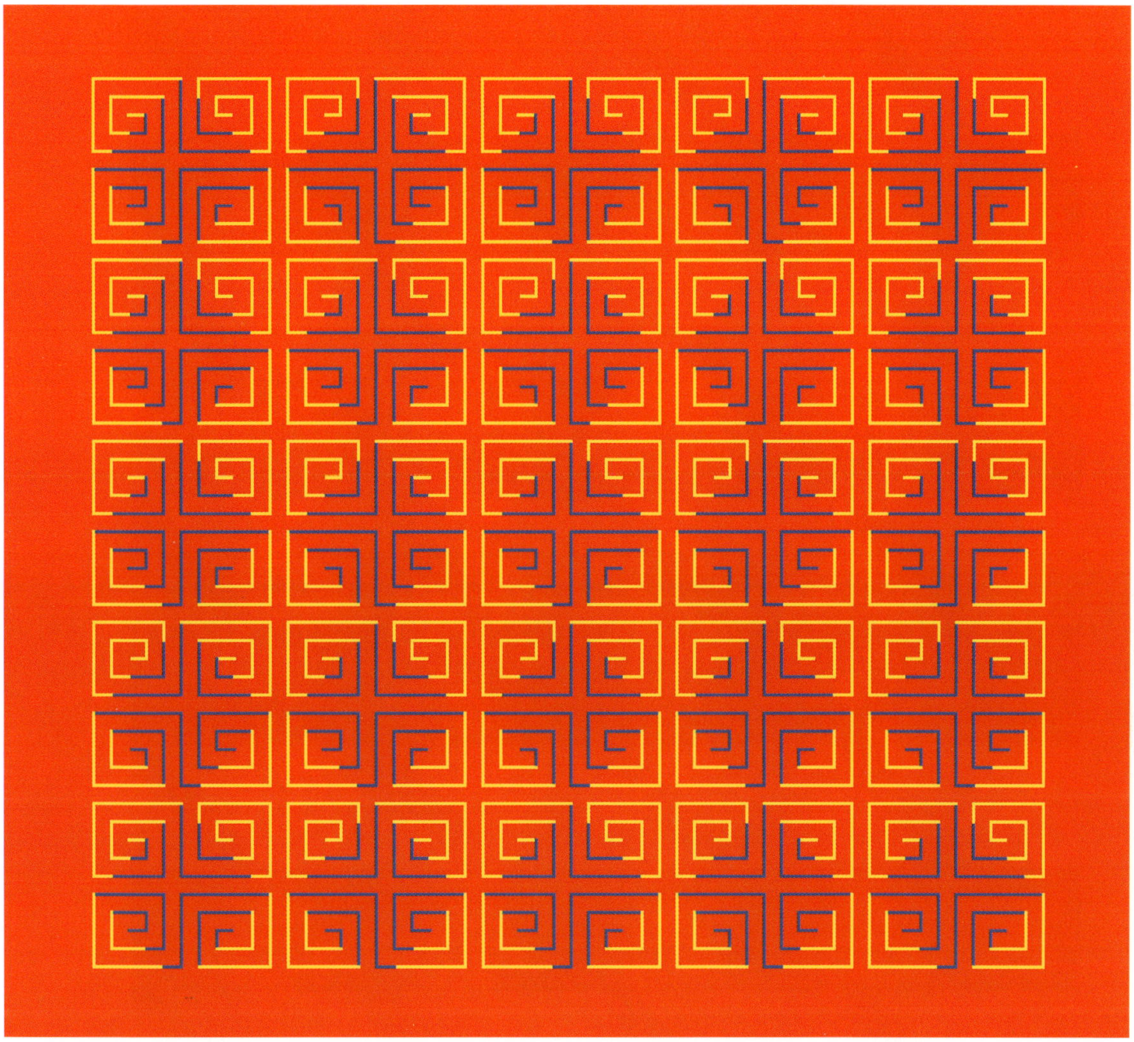

Ein chinesisches Muster und Farbassimilation

Hinter blauen Linien sieht das Rot dunkelrot aus, während das gleiche Rot hinter gelben Linien orangerot aussieht.

Kitaokas Bambus von Sagano

Die hellgrünen und dunkelgrünen Töne der schrägen Linien sind jeweils gleich. Die Abbildung scheint im Uhrzeigersinn zu kippen.

Chromatische Farbassimilation

Rot erscheint als Dunkelrot oder Orangerot.

Kitaokas Rote Spirale

Rot erscheint als Orangerot oder Dunkelrot.

Was passiert hier?

Farbassimilation

Die roten Quadrate sehen vor dem gelben Hintergrund anders aus als vor dem blauen. Solche Phänomene nennt man Farbassimilation. Das ist das Gegenteil von Farbkontrast, wovon Schwarzweiß-Beispiele in Kapitel 1 zu finden sind. Doch auf Grund von Farbmechanismen sind Farbassimilationstäuschungen etwas komplexer. Während die physiologischen Vorgänge bei Helligkeits- und Farbkontrastphänomenen gut geklärt sind, ist ungeklärt, wie und wann Assimilation auftritt.

Neon-Farbschimmertäuschung

Das nicht vorhandene Quadrat links scheint einen zarten Blauton aufzuweisen, obwohl gar keine Farbe da ist. Der Bereich ist völlig weiß. Diese Täuschung wird Neon-Farbschimmertäuschung genannt. Die Vertices bilden die Kanten einer Oberfläche. Das Sehsystem neigt dazu, innerhalb einer umgrenzten Fläche Farbe wahrzunehmen. Werden Kreise auf die Kanten gesetzt, wie rechts geschehen, verschwindet der Farbschimmer. Diese Demonstration schuf der englische Sehforscher Marc Albert.

Pinnas Wasserfarbeneffekt

Das große umgrenzte Gebiet hat keine Farbe. Der Wasserfarbeneffekt, vor kurzem entdeckt vom italienischen Sehforscher Baingio Pinna, entsteht, wenn eine lilafarbene Kontur von einer orangefarbenen inneren Kante begleitet wird. Dann erscheint das gesamte umschlossene Gebiet einheitlich im Ton der Kante gefärbt. Die farbige Begleitlinie neben der dunklen Außengrenze assimiliert ihre Farbe an die eingeschlossene weiße Fläche über eine Distanz von bis zu 45°. Der Farbschimmer ist auf weißem Hintergrund stärker als auf grauem oder schwarzem. Die Täuschung wird durchbrochen, wenn zwischen die beiden erzeugenden Linien ein schmaler weißer Spalt geschoben wird. Die Linien müssen nicht durchgehend sein. Auch aneinander gereihte Punkte erzeugen die Täuschung.

Purves und Lottos Rubik-Würfel-Farbtäuschung

So unglaublich es klingt, das „braune" Quadrat an der Oberseite des Rubik-Würfels hat die gleiche Farbe wie das „gelbe" Quadrat in der Mitte der Schattenseite. Sie können dies überprüfen, indem Sie alles bis auf diese beiden Quadrate abdecken; wenn Sie sie dann vergleichen, werden Sie feststellen, dass sie identisch sind. Dies ist vielleicht eine der stärksten bekannten Farbtäuschungen. Die Neuroforscher Dale Purves und R. Beau Lotto von der Duke University haben mit dieser neuen Täuschung gezeigt, dass Farbwahrnehmung auch auf dem Kontext und früherer Erfahrung basieren kann. Wenn Sie die empirische Bedeutung des Bildes verändern, indem Sie zum Beispiel die Schatten entfernen, verändern Sie nicht nur die Helligkeit, die Menschen wahrnehmen, sondern auch die Farben.

Räumliches Farbsehen

Für mehr als die Hälfte aller Beobachter scheint das schwarze Herz vor der Umgebung zu schweben. Manche Menschen sehen jedoch das Gegenteil. In dieser Version scheint sich das Herz häufig zu bewegen. Für mehr als die Hälfte aller Beobachter scheint das rote Herz vor der blauen Umgebung zu schweben, während das blaue Herz in die rote Umgebung einzusinken scheint. Manche Personen sehen jedoch das Gegenteil. Diese Demonstration beruht auf dem räumlichen Farbsehen (chromostereoskopisches Sehen). Außerdem scheinen sich die Herzen manchmal zu bewegen. Diese Beispiele schuf der japanische Sehforscher Akiyoshi Kitaoka.

Kitaokas aufsteigende Drachen

Dies ist ein Beispiel für Farbassimilation. Diese Abbildung stammt vom japanischen Sehforscher Akiyoshi Kitaoka.

Ein chinesisches Muster und Farbassimilation

Dies ist ein weiteres Beispiel für Farbassimilation vom japanischen Sehforscher Akiyoshi Kitaoka.

Chromatische Farbassimilation

Dies ist ein Beispiel für Farbassimilation. Geschaffen wurde die Abbildung vom japanischen Sehforscher Akiyoshi Kitaoka.

6 STEREO-ILLUSIONEN

Diese Illusionen waren stets beliebter als jede andere. Stereo-Illusionen, allgemein „Das magische Auge" genannt, erzeugen den Eindruck von Tiefe. Man kann viele davon bis zur Entdeckung der Stereogramme durch den englischen Wissenschaftler Charles Wheatstone 1838 zurückverfolgen. Wheatstone zeigte, dass die Netzhautbilder von zwei unabhängigen Quellen zu einem Bild verschmolzen werden können, was den Eindruck von Tiefe erzeugt. Der Effekt beruhte auf der Unterschiedlichkeit der Bilder, nicht auf ihrer Gleichheit. Wheatstone erkannte außerdem, dass die Blickwinkel der beiden Augen verschieden sind.

Wenn Sie zuerst nur das rechte, dann nur das linke Auge öffnen, sehen Sie zwei unterschiedliche Ansichten. Alle Tiere, die überlappende Sehfelder besitzen, können Tiefe wahrnehmen. Sogar einzelne Punkte können Tiefensehen auslösen, wenn der Verstand irgendeinen Bezug herstellen kann. Wenn die beiden Bilder jedoch zu verschieden sind, können sie nicht zu einem Tiefeneindruck verschmelzen. Stattdessen werden sie zu Wechselbildern, zwischen denen sich das Gehirn nicht entscheiden kann. Das stereoskopische Sehen liefert die verlässlichsten und wichtigsten Hinweise für die Verarbeitung von Tiefeninformationen.

Alle Stereobilder sind so gestaltet, dass der Betrachter sie sehen kann, wenn er die so genannte Divergenzmethode anwendet. Das heißt, Sie müssen so tun, als würden Sie etwas weit Entferntes betrachten. Manchmal sind als Hilfe zwei Punkte über dem Bild hinzugefügt. Wenn Sie korrekt fokussieren, werden aus den zwei Punkten drei. Denken Sie daran, Sie müssen das Bild (die Bilder) lange genug betrachten, damit Ihr Gehirn die Rauminformation interpretieren kann. Etwa 10 Prozent der Menschen sind stereoblind und können daher diese Art von Illusion nicht wahrnehmen.

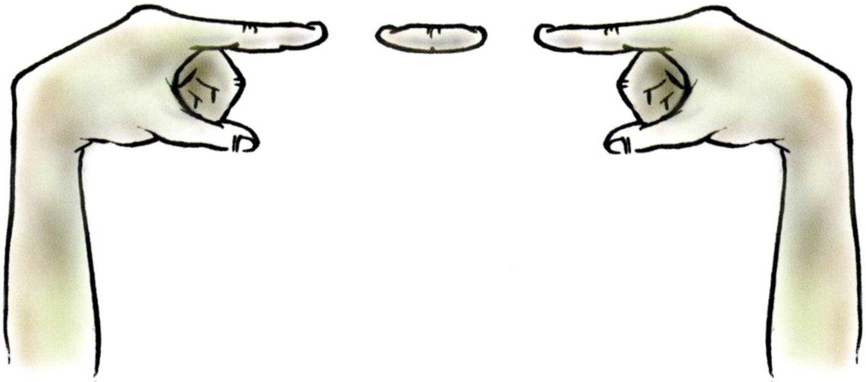

Noch ein Finger

Bei dieser Illusion können Sie einen Finger vor Ihren Augen schweben lassen. Halten Sie die Spitzen Ihrer Zeigefinger in Augenhöhe vor Ihr Gesicht. Fokussieren Sie eine Wand mehrere Meter hinter Ihren Fingern. Sie sollten einen schwebenden Finger sehen. Halten Sie Ihre Finger näher an Ihr Gesicht. Was passiert? Wenn Sie Ihre Finger fokussieren, verschwindet die Illusion.

Ein Loch in der Hand

Schaffen Sie ein Loch in Ihrer Hand. Halten Sie eine Röhre an Ihr Auge. Betrachten Sie etwas in 5 Meter Entfernung (ein Auge blickt durch die Röhre). Halten Sie dann Ihre andere Hand vor das Auge, das nicht durch die Röhre blickt. Sie werden das Objekt durch ein rundes Loch in Ihrer Hand sehen. Eine interessante Variation entsteht, wenn Sie eine Münze in Ihre Handfläche legen; sie scheint zu schweben.

Die dritte Linie

Halten Sie die Abbildung knapp unterhalb Ihrer Augen rechtwinkelig an Ihr Gesicht. Betrachten Sie die beiden Linien mit beiden Augen; nach einiger Zeit wird eine dritte Linie auftauchen, die aus dem Bild herauszuragen scheint.

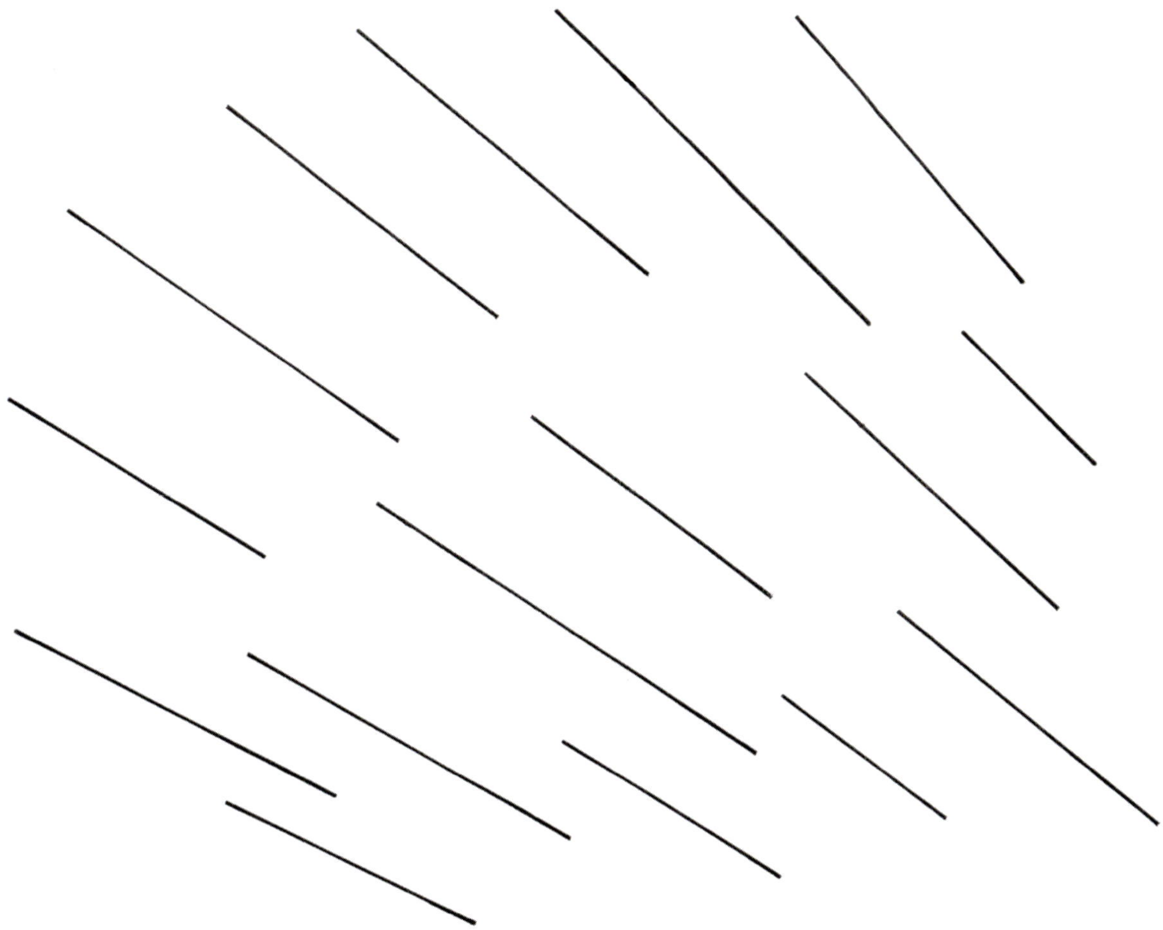

Die aufsteigenden Linien

Können Sie diese Linien aus dem Papier aufsteigen lassen? Neigen Sie das Blatt und betrachten Sie das Bild mit einem Auge vom unteren rechten Rand der Seite aus.

Ein altes Stereobild

Lassen Sie die beiden Bilder verschmelzen und Sie werden die Szene in 3D sehen.

Ein Bild in Stereo

Lassen Sie die beiden Bilder verschmelzen und Sie werden die Szene in 3D sehen.

Kitaokas Stereowürfel

Schauen Sie durch dieses Bild hindurch und die Würfel werden sich scheinbar aus dem Bild erheben. Sie können auch umgedreht aussehen.

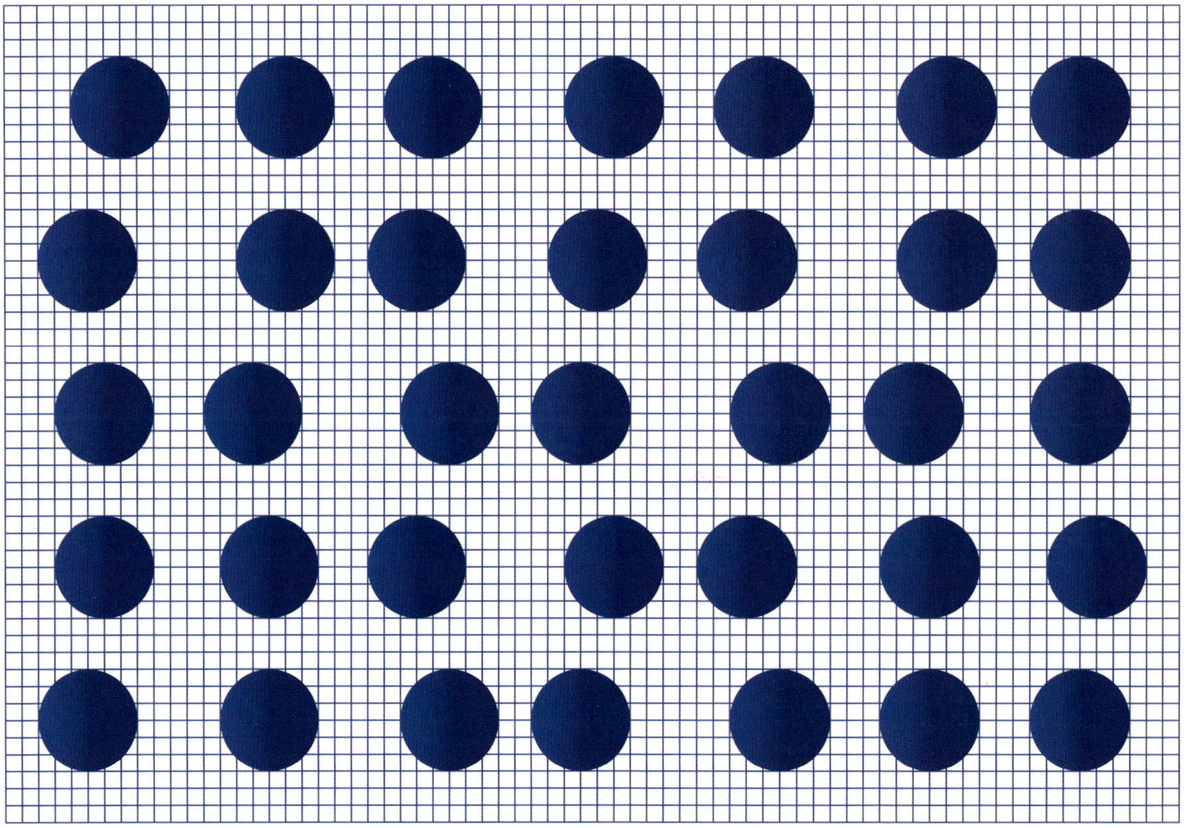

Bälle in vielen verschiedenen Höhen

Das Gitter scheint auf derselben Ebene zu liegen wie der Ball, den der Betrachter fixiert.

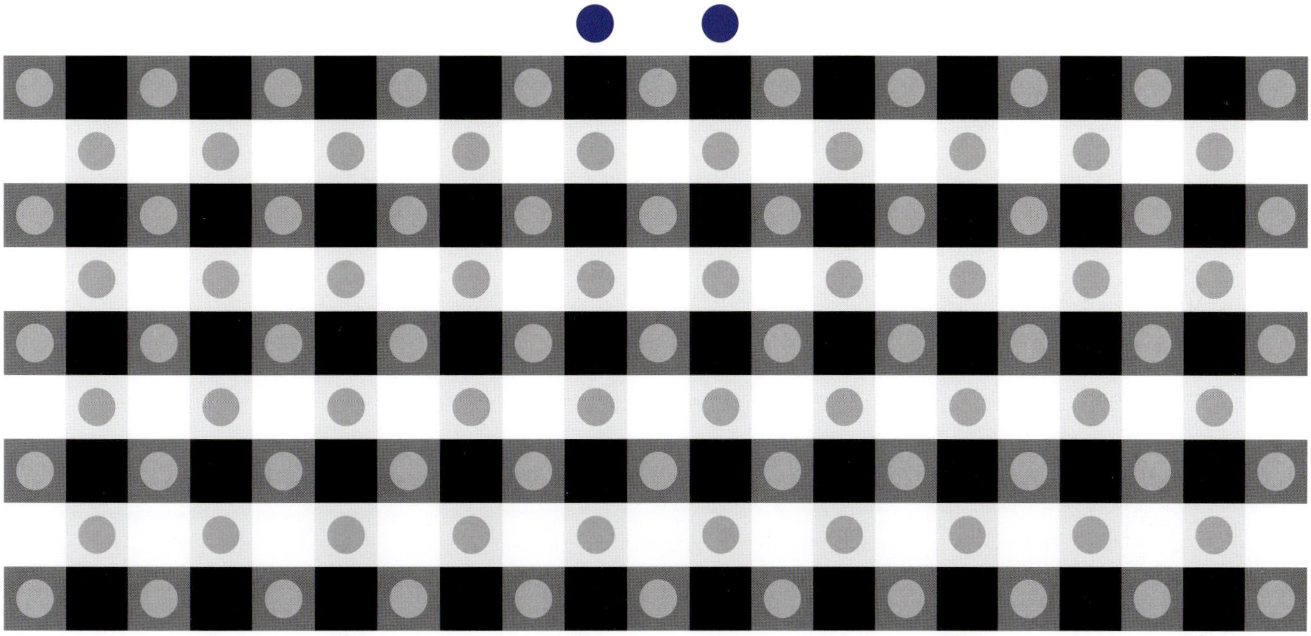

Schnee in vielen verschiedenen Tiefen

Schauen Sie durch das Bild hindurch. Es sieht aus, als ob Schnee fallen würde. Außerdem scheinen die grauen Kreise unterschiedlich hell zu sein, doch ihre Helligkeit ist identisch.

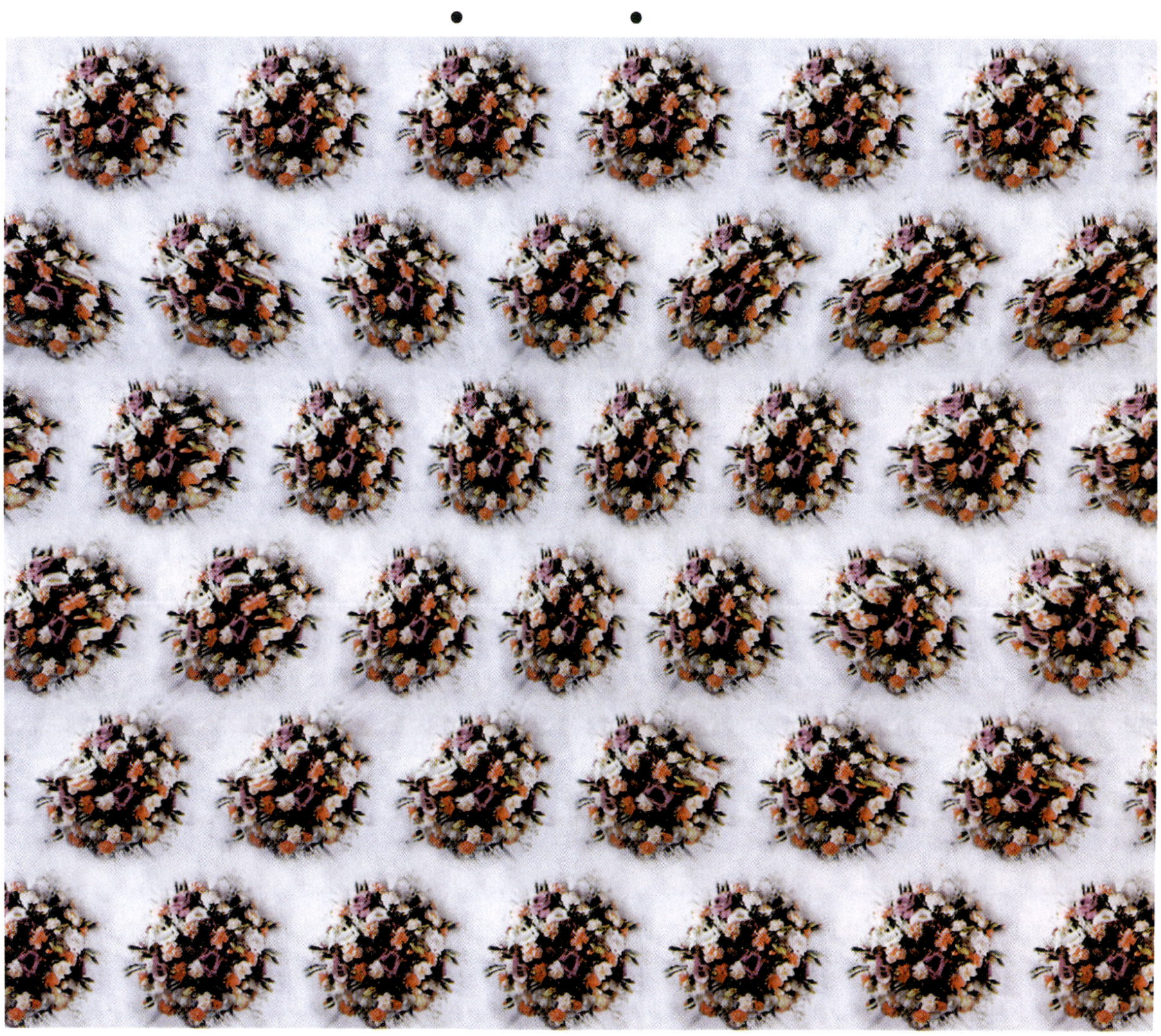

Stereogramm

Schauen Sie durch das Bild hindurch. Welches verborgene Gebilde erscheint?

Die Tapeten-Illusion

Schauen Sie durch das Bild hindurch und es wird räumlich erscheinen.

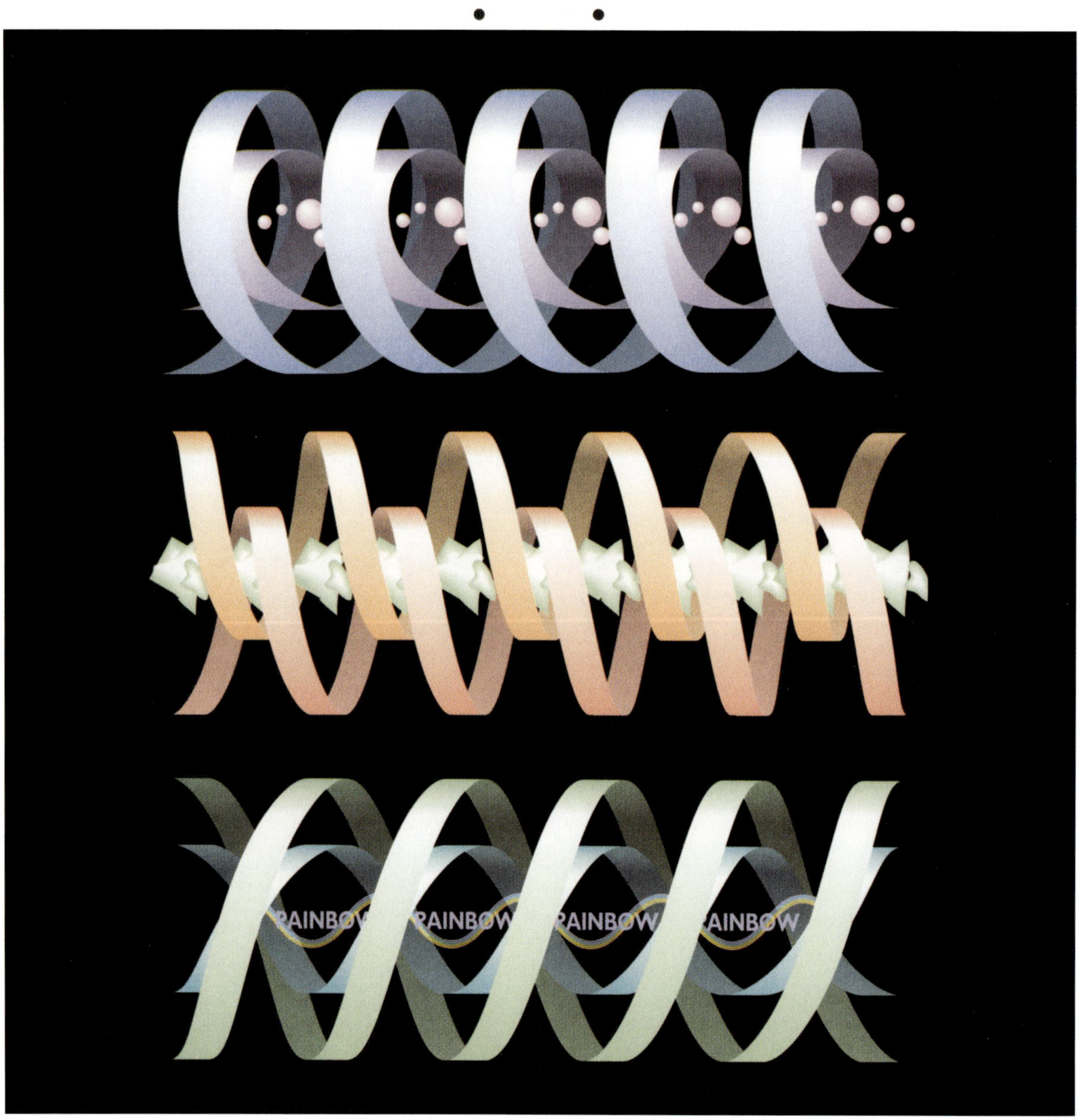

Noch eine Tapeten-Illusion

Schauen Sie durch das Bild hindurch und es wird räumlich erscheinen.

STEREO-ILLUSIONEN Was passiert hier?

Noch ein Finger

Wenn Sie die Wand fokussieren, überlappen die Finger im Vordergrund auf inkorrekte Weise, wenn die Bilder beider Augen automatisch kombiniert werden. Diese überlappenden Finger erzeugen das Stereogramm des schwebenden Fingers.

Ein Loch in der Hand

Ihr Sehsystem verschmilzt die Bilder von beiden Augen, sodass ein Loch in der Hand entsteht.

Die dritte Linie

Dieser spezielle Blickpunkt lässt die Bilder der beiden Augen so verschmelzen, dass eine dritte, räumliche Linie zu entstehen scheint.

Die aufsteigenden Linien

Wenn Stereoinformationen fehlen, werden Tiefe und dreidimensionale Anordnung aufgrund von Hinweisen aus dem Bild interpretiert. Hier sind die Tiefenhinweise allerdings mehrdeutig und die Linien können sowohl als flach aufliegend oder als über dem Bild erhaben interpretiert werden. Diese Illusion entdeckte der berühmte amerikanische Psychologe William James 1908.

Ein altes Stereobild

Stereobilder waren Ende des 19. Jahrhunderts groß in Mode; sie waren die ersten optischen Täuschungen, die Land um Land eroberten. Tausende malerische Aufnahmen wurden gemacht und massenhaft produziert und die teuren Stereobetrachter waren ein Statussymbol.

Kitaokas Stereowürfel

Dieses Bild stammt vom japanischen Sehforscher und Op-Art-Künstler Akiyoshi Kitaoka.

Bälle in vielen verschiedenen Höhen

Dieses Stereobild schuf Akiyoshi Kitaoka.

Schnee in vielen verschiedenen Tiefen

Dieses Stereobild schuf Akiyoshi Kitaoka.

Stereogramm

Es erscheint ein Herz.

7 BEWEGUNGSILLUSIONEN

Die meisten Objekte bewegen sich nicht. Auf die, die sich bewegen, müssen wir achten, damit wir uns entsprechend verhalten können. Unser Sehsystem hat einen komplexen Prozess entwickelt, um Bewegung festzustellen. Meistens sind unsere Augen, unser Kopf und unser Körper in Bewegung, weshalb wir Objektbewegung nicht einfach mit Bildbewegung gleichsetzen können. Es wäre auch zu stark vereinfacht, wenn wir bloß eine Veränderung der Position eines Objekts in einem bestimmten Zeitraum feststellen müssten. Manche Objekte bewegen sich zu schnell (wie die Speichen eines Fahrrades in schneller Fahrt), andere zu langsam (wie Planeten und Sterne). Außerdem können wir Bewegung wahrnehmen, wo gar keine ist, etwa in einem Film: Wir haben den lebhaften Eindruck, dass Dinge sich bewegen, doch rein physikalisch erscheint nur eine schnelle Folge von Standbildern auf dem Schirm.

Im Lauf der Jahre haben verschiedene Op-Art-Künstler instinktiv Bilder erschaffen, die mehrere Bereiche des Gehirns stimulierten, die für das Sehen von Bewegung zuständig sind. Sie vermitteln den Eindruck von Bewegung, wo keine ist.

In jüngster Zeit wurde eine neue Klasse von Illusionen relativer Bewegung geschaffen, vor allem von Baingio Pinna und Akiyoshi Kitaoka. Bei manchen dieser Illusionen müssen das Bild oder der Kopf bewegt werden, damit sich eine Figur in eine Richtung bewegt, die nicht der realen Bewegungsrichtung entspricht. Bei anderen Bildern können bereits Augenbewegungen allein den Effekt relativer Bewegung erzeugen, obwohl Bild und Kopf ruhig bleiben. Obwohl es viele funktionierende Beispiele gibt, gibt es über die Ursache dieser Illusionen nach wie vor divergierende Theorien.

Illusion mit konzentrischen Kreisen

Bewegen Sie dieses Bild im Kreis und die Räder des Fahrrades scheinen sich zu drehen.

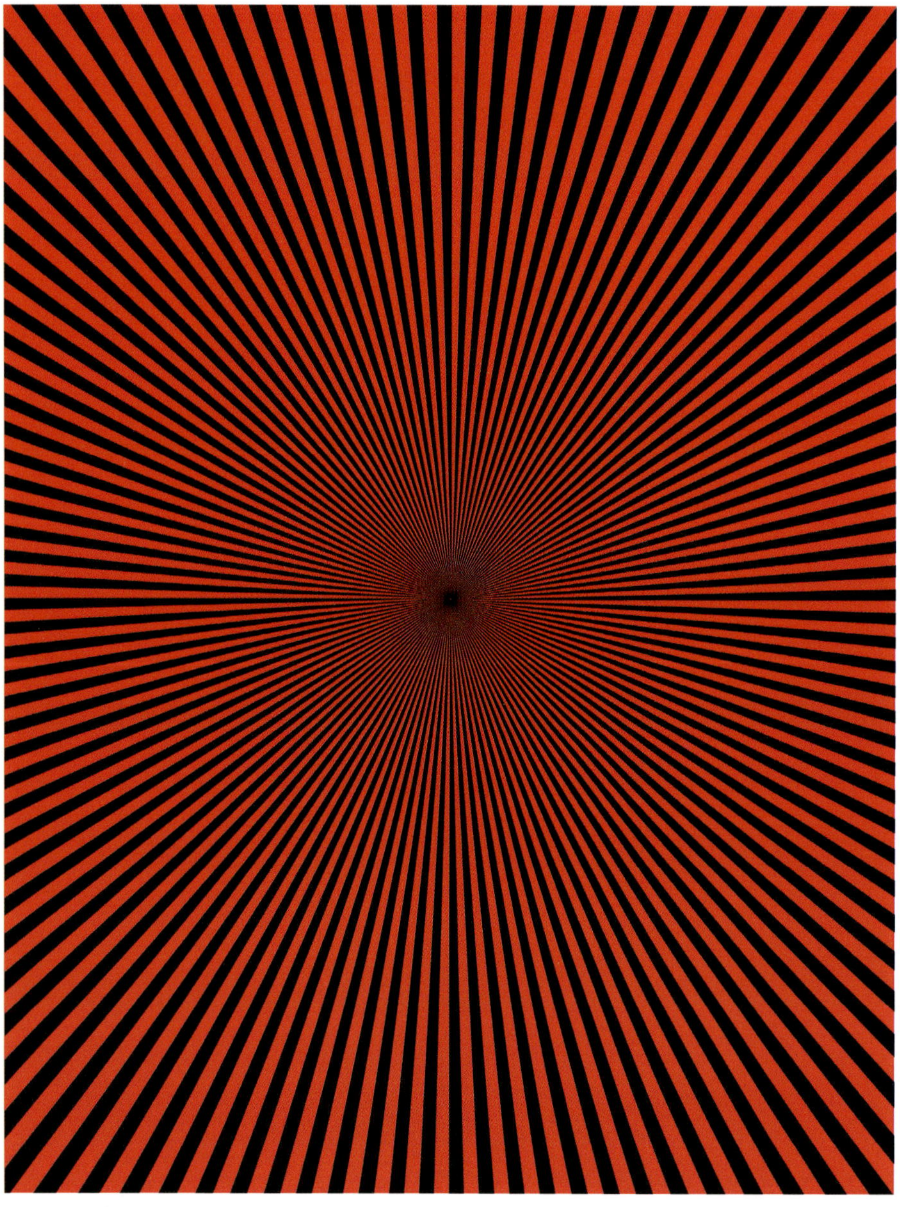

MacKays Ziffer-Acht-Illusion

Bewegen Sie dieses Bild nach rechts oder links und Sie werden verwischte „8er" wahrnehmen, die sich im rechten Winkel zur echten Bewegungsrichtung bewegen. Wenn Sie das Zentrum fixieren, werden Sie eine Rotation wahrnehmen. Sie können die Rotationsrichtung umkehren, indem Sie einen Punkt rechts oder links vom Zentrum fixieren.

Leviants Enigma

Fixieren Sie genau das Zentrum des Bildes. Sehen Sie Bewegung in den blauen Ringen? In welche Richtung drehen sie sich? Ändern sie die Richtung? In welchem Verhältnis stehen die Bewegungsrichtungen der beiden Ringe zueinander?

Wellen

Lassen Sie Ihren Blick über das Bild schweifen und Sie werden eine starke räumliche Bewegungsillusion wahrnehmen.

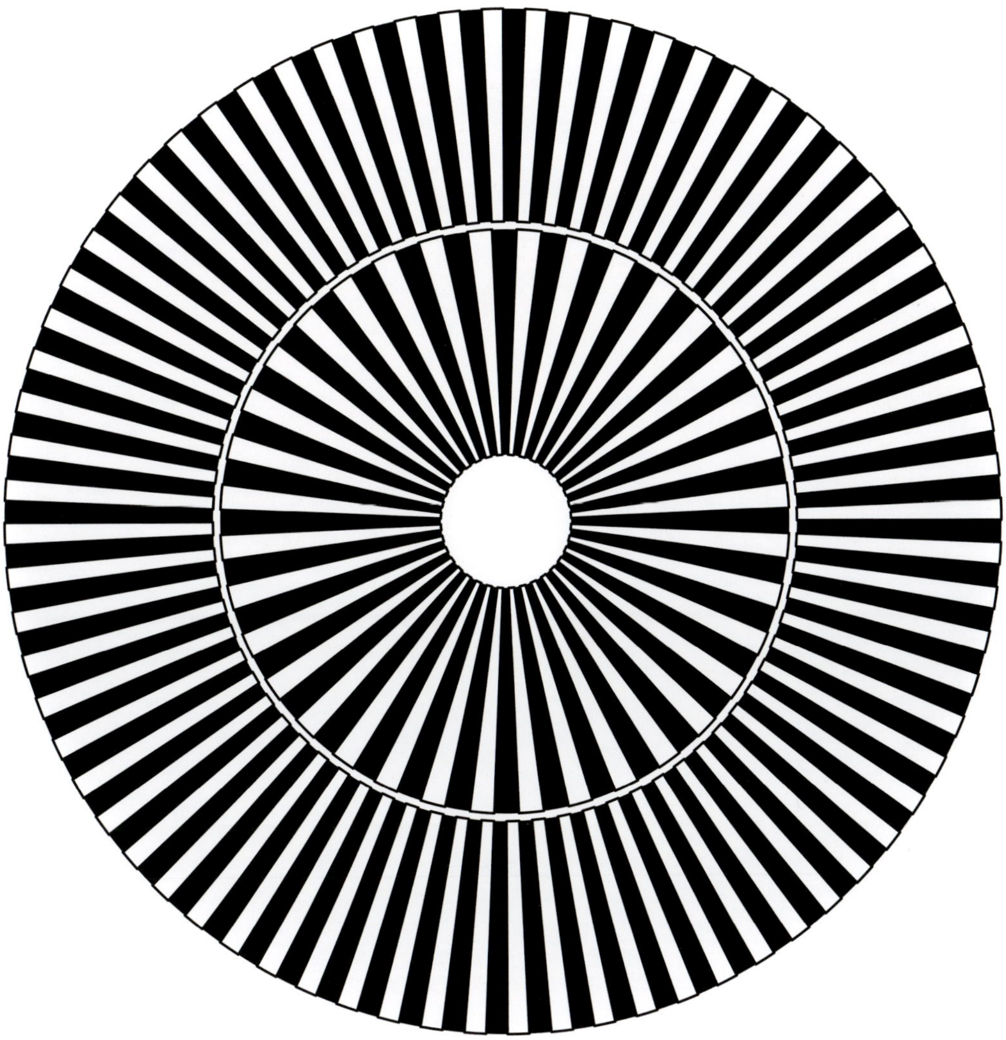

Die Hula-Hoop-Illusion

Betrachten Sie dieses Bild, während Sie es rasch kreisförmig bewegen, ohne die Richtung zu ändern. Ihre Bewegung sollte jener ähneln, mit der Sie eine Tasse ausspülen. Der mittlere Kreis sollte sich mit dieser Bewegung mitdrehen wie ein Hula-Hoop-Reifen um die Hüften.

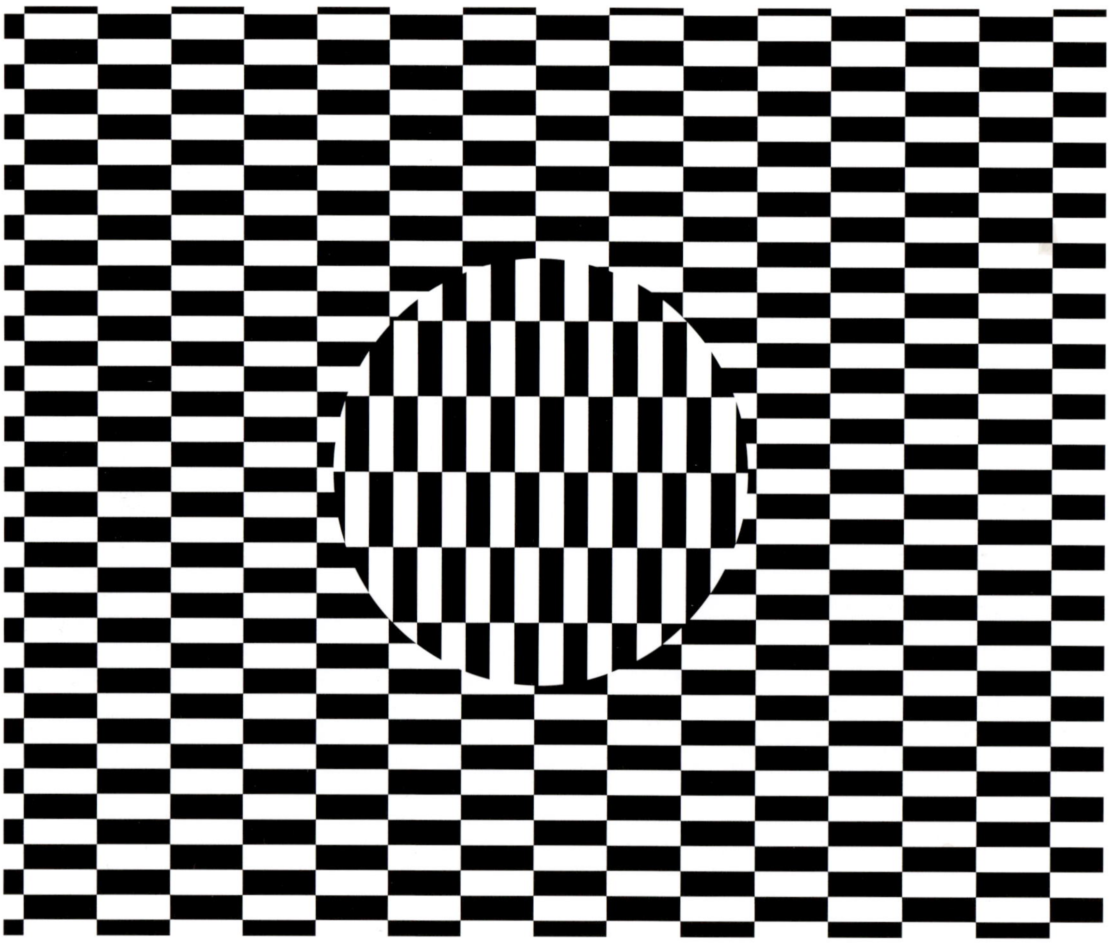

Die Ouchi-Illusion

Wenn Sie den Blick über die Abbildung wandern lassen oder das Bild langsam schütteln, wird der mittlere Teil räumlich hervortreten und sich scheinbar ein kleines Stück in die dem Rest des Bildes entgegengesetzte Richtung bewegen.

Außerhalb des Fokus

Wenn Sie den Blick über die Abbildung wandern lassen oder das Bild langsam schütteln, wird der innere Teil zu schwanken beginnen.

Pinnas Illusion mit verschiedenen Quadraten

Lassen Sie den Blick über das Bild wandern oder schütteln Sie es sanft: Die zufällig platzierten Quadrate erhalten unterschiedliche Tiefe und bewegen sich leicht entgegengesetzt zu ihren Nachbarn.

Die Pinna-Brelstaff-Illusion rotierender Kreise

Starren Sie ins Zentrum des Bildes und nähern Sie Ihren Kopf dem Blatt, dann entfernen Sie sich wieder langsam. Die Kreise sollten entgegegesetzt rotieren. Wenn Sie Ihren Kopf heben, kehren sich beide Bewegungsrichtungen um und drehen damit die Richtung der Illusion um.

Pinnas Illusion bewegter Linien

Wenn Sie die Abbildung auf und ab bewegen, verläuft die illusorische Bewegung links-rechts. Bewegen Sie die Abbildung seitlich, bewegt sich die Illusion auf und ab.

Kitaokas wirbelnder Strudel

Verkleinern und vergrößern Sie Ihren Abstand zum Bild und es wird langsam rotieren.

Reginald Neals Dreierquadrat

Dieses Muster scheint zu pulsieren und sich zu kräuseln, wenn Sie darauf starren.

Kitaokas bewegliche Rechtecke

Bewegen Sie Ihren Kopf oder das Bild und die Rechtecke werden sich scheinbar bewegen.

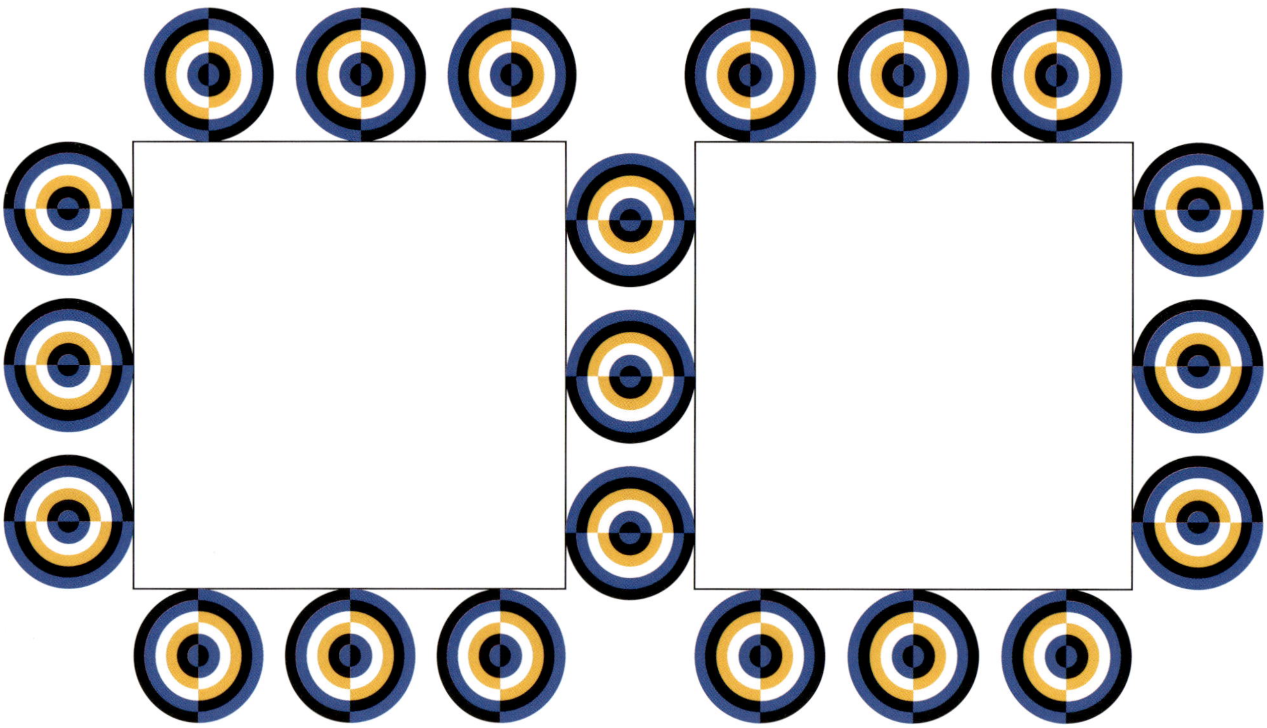

Konvektion

Sie müssen weder Kopf noch Bild bewegen, damit die Illusion funktioniert. Starren Sie auf das Bild und die Räder werden sich langsam um die Quadrate herum bewegen. Diese Täuschung funktioniert am besten mit peripherärem (indirektem) Sehen.

Kitaokas Spinnrad-Illusion

Sie müssen weder Kopf noch Bild bewegen, damit die Illusion funktioniert. Starren Sie nur auf das Bild und jeder Kreis wird scheinbar rotieren. Außerdem erscheinen konzentrische Kreise als Spirale. Diese Täuschung funktioniert am besten mit peripherem (indirektem) Sehen.

Fährboot

Sie müssen weder Kopf noch Bild bewegen, damit die Illusion funktioniert. Starren Sie auf das Bild und die schrägen grauen Balken werden sich scheinbar horizontal bewegen. Diese Täuschung funktioniert am besten mit periphärem (indirektem) Sehen.

Kitaokas bewegliche Linien

Sie müssen weder Kopf noch Bild bewegen, damit die Illusion funktioniert. Starren Sie auf das Bild und die horizontalen Linien werden sich zu bewegen scheinen. Diese Täuschung funktioniert am besten mit periphärem (indirektem) Sehen.

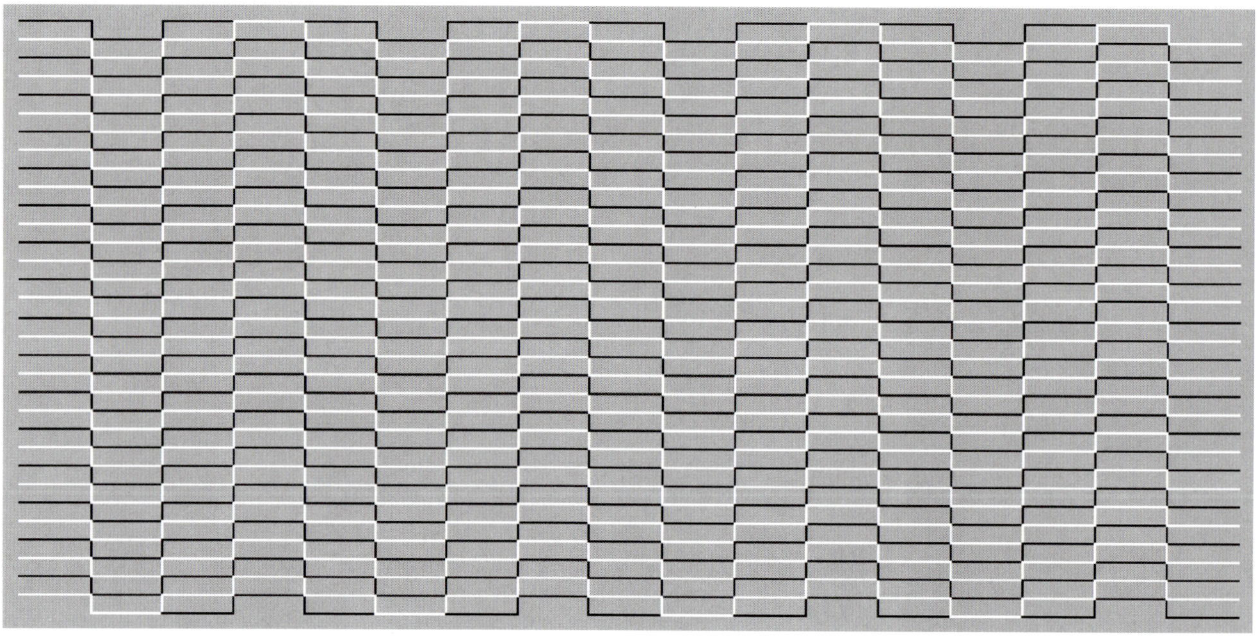

Kitaokas Hitzeflimmern

Starren Sie auf das Bild und es wird scheinbar pulsieren und verschwimmen, was ähnlich aussieht wie das Flimmern der Luft über einer heißen Oberfläche.

Was passiert hier?

Illusion mit konzentrischen Kreisen
Diese Illusion wurde von Charles Cobbold 1881 entdeckt; sie erschien in unzähligen Werbebeilagen des späten 19. und frühen 20. Jahrhunderts.

MacKays Ziffer-Acht-Illusion
Diese als MacKays Illusion bekannte Darstellung wurde erstmals 1958 von Donald MacKay beschrieben, der bemerkte, dass das Licht, das durch horizontale Jalousien fiel, auf einer angrenzenden Wand den Eindruck von vertikaler Bewegung vermittelte. Es ist nicht geklärt, warum kontrastreiche dünne Linen zu Bewegungseindrücken im rechten Winkel dazu führen. Über die zu Grunde liegenden Mechanismen gibt es derzeit eine lebhafte Kontroverse in der Sehforschung.

Leviants Enigma
Durch Fixierung des Zentrums entsteht bei den meisten, aber nicht allen Menschen ein starker Bewegungseindruck in den Ringen. Die Bewegung erfolgt in verschiedenen Ringen in entgegengesetzter Richtung und kann sich während des Betrachtens auch umdrehen. Sie verläuft stets rechtwinkelig zu den kontrastreichen Linien, durch die sie ausgelöst wird. Dieses Bild schuf der französische Künstler Isia Leviant 1984 unter dem Eindruck von MacKays Illusionen.

Wellen
Auch hier bringen kontrastreiche Linien eine starke Illusion relativer Bewegung hervor. Hier nehmen Sie vielleicht auch eine Stereoillusion wahr und die Wellen könnten oszillieren. Dieses Werk mit dem Titel „Fall" aus 1963 stammt von der englischen Op-Art-Künstlerin Bridget Riley.

Die Hula-Hoop-Illusion
Die Hula-Hoop-Illusion wurde von Sehforscher Nicholas Wade entdeckt.

Die Ouchi-Illusion
Diese Illusion, die erstmals 1977 vom japanischen Op-Art-Künstler Hajime Ouchi veröffentlicht wurde, ist aufgrund ihrer überraschenden Qualitäten intensiv erforscht und diskutiert worden. Obwohl der Effekt nicht ganz geklärt ist, nimmt man an, dass er mit dem so genannten „Öffnungsproblem" – der Art, wie das visuelle System die Bewegungsrichtung durch eine Öffnung hindurch bestimmt – zusammenhängt. In einer Öffnung sind verschiedene physikalische Bewegungen nicht unterscheidbar. Linien, die sich von rechts nach links bewegen, erzeugen etwa dieselbe räumlich-zeitliche Struktur wie Linien, die sich von oben nach unten bewegen. Das Öffnungsproblem impliziert, dass bewegungssensible Neuronen im visuellen Cortex stets auf eine Kontur reagieren, die ihr Rezeptorfeld kreuzt, unabhängig von ihrer wahren Länge und Ausrichtung, solange ihre Bewegungsrichtung mit der bevorzugten Richtung des Neurons übereinstimmt.

Die Ouchi-Illusion kann der Art zugeschrieben werden, wie lokale Bewegungssignale von unterschiedlichen Stellen eines Elements kombiniert werden, um eine Bewegung des Elements festzustellen. Die Integration lokaler Bewegungssignale gilt als nötiger Schritt bei der Bewegungsanalyse, um das Öffnungsproblem zu überwinden.

Außerhalb des Fokus
Der japanische Sehforscher Akiyoshi Kitaoka erschuf diese Variation der Ouchi-Illusion.

Pinnas Illusion mit Quadraten
Diese neue Illusion stammt vom italienischen Sehforscher Baingio Pinna. Wenn man den Kopf vor und zurück oder das Blatt in verschiedene Richtungen bewegt, bewegen sich die zufällig verteilten Elemente scheinbar in die entgegengesetzte Richtung der realen Bewegung; gleichzeitig entsteht der Eindruck unterschiedlicher Tiefen.

Die Pinna-Brelstaff-Illusion rotierender Kreise
Diese Rotationsillusion ist eine der stärksten optischen Täuschungen, die man kennt. Sie ist eine Neuentdeckung und wurde im Jahr 2000 erstmals beschrieben.

Der italienische Sehforscher Baingio Pinna fand heraus, dass eine bestimmte Art flacher statischer Muster die Illusion einer starken relativen Bewegung auslöst, wenn es sich durch unser Blickfeld bewegt. Die relative Bewegung erfolgt stets rechtwinkelig zur echten Bewegung. Sowohl gerade als auch verwischte oder kreisende Bewegungen können den Effekt auslösen. Er ist nicht Kopf- oder Augenbewegungen zuzuschreiben, sondern hat mit ausrichtungssensiblen Zellen im visuellen Cortex zu tun, die verwirrt werden. Diese Zellen sind zuständig dafür, festzustellen, in welche Richtung sich Linien und Bögen bewegen und welche Ausrichtung sie haben. Für gewöhnlich funktioniert das gut, doch wenn sich eine Linie in einer anderen Richtung als rechtwinkelig zu ihrer eigenen Ausrichtung bewegt, werden die Zellen verwirrt. Wenn Sie den Kopf oder das Bild bewegen, werden die Zellen verwirrt, weil sich die Balken in rechtwinkeliger Richtung bewegen. Wenn das passiert, werden die beiden Bewegungen addiert, was die Illusion von Bewegung erzeugt.

Pinnas Illusion bewegter Linien
Dies ist eine Variation der Pinna-Brelstaff-Illusion rotierender Kreise, die von Baingio Pinna im Jahr 2000 entdeckt wurde.

Kitaokas wirbelnder Strudel
Dies ist eine brandneue Illusion, die kürzlich vom japanischen Sehforscher Akiyoshi Kitaoka entdeckt wurde. Es ist nicht ganz geklärt, wie der Effekt zu Stande kommt; möglicherweise sind mehrere Mechanismen beteiligt. Damit der Effekt eintritt, müssen die Punkte scharf sein.

Reginald Neals Dreierquadrat
Dies ist ein weiteres Beispiel, wie kontrastreiche Linien eine Illusion erzeugen. Diese stammt vom amerikanischen Künstler Reginald Neal.

Kitaokas bewegliche Rechtecke
So variierte der japanische Sehforscher Akiyoshi Kitaoka Baingio Pinnas Bewegungsillusionen.

Konvektion
Diese Art von Illusionen sind als periphäre Driftillusionen bekannt. Sie funktioniert am besten bei periphärem Sehen. Wenn Sie das Bild direkt fixieren, wird es statisch erscheinen. Auch Augenbewegungen könnten nötig sein, um den Effekt zu sehen. Der japanische Sehforscher Akiyoshi Kitaoka erschuf diese Version des Effekts, der seit den 1970ern bekannt ist. Kitaoka entdeckte, dass es dabei auf die Reihenfolge der vierfarbigen, versetzt angeordneten Bereiche unterschiedlicher Helligkeit ankommt.

Kitaokas Spinnrad-Illusion
Dies ist ein weiteres Beispiel für eine periphäre Driftillusion von Akiyoshi Kitaoka.

Fährboot
Dies ist ein weiteres Beispiel für eine periphäre Driftillusion des japanischen Sehforschers Akiyoshi Kitaoka. Er nannte sein Werk „Fährboot".

Kitaokas bewegliche Linien
Dies ist ein weiteres Beispiel für eine periphäre Driftillusion von Akiyoshi Kitaoka..

Kitaokas Hitzeflimmern
Es ist nicht ganz geklärt, was für den Effekt verantwortlich ist, doch Augenbewegungen tragen dazu bei. Erschaffen hat die Illusion der japanische Sehforscher Akiyoshi Kitaoka, der sie „Hitzeflimmern" nannte.

8 UNMÖGLICHE FIGUREN

Unmögliche Figuren sind eine Klasse interessanter zweidimensionaler perspektivischer Darstellungen dreidimensionaler physikalischer Objekte mit widersprüchlichen Tiefenhinweisen. Sie sind lustig anzusehen und liefern uns zugleich wichtige Einsichten in die Art und Weise, wie wir aus zweidimensionalen Bildern mental dreidimensionale Wahrnehmungen konstruieren.

In diesen Illusionen ist nicht das Bild selbst unmöglich, sondern Ihre dreidimensionale Interpretation des Dargestellten als reales physikalisches Objekt. Eine perspektivische Zeichnung (möglich oder unmöglich) deutet einen dreidimensionalen Gegenstand an; Ihre Interpretation davon ist stark davon bestimmt, wie Sie bildliche Darstellungen mental in dreidimensionale Objekte umwandeln.

Bei einer unmöglichen Figur müssen Sie zuerst die Teile betrachten, bevor Sie erkennen, dass sie unmöglich ist. Doch wie bei vielen Illusionen ist nicht immer sofort offensichtlich, dass etwas nicht stimmt. Zunächst können sowohl Ihre Wahrnehmung als auch Ihre Vorstellung von der Figur genarrt sein. Wenn Sie herausfinden, dass Ihre Wahrnehmung genarrt wird, und Sie das korrigieren, bewertet Ihr Sehsystem die unmögliche Figur nicht als flache, konsistente/mögliche Figur oder falsch wahrgenommenes Objekt neu. Sie wurden Opfer eines Paradoxons der Wahrnehmung.

Diese Neigung des Sehsystems, das Bild (aufgrund aktuellen Wissens) nicht neu zu bewerten, gilt für alle bildlichen Täuschungen, bei denen der Inhalt des Bildes nicht mehrdeutig ist. Ihre korrekte Einschätzung einer bildlichen Illusion reicht nicht aus, um die Regeln Ihres Sehsystems zu überwinden. Ihre Wahrnehmung bleibt weiterhin genarrt, auch wenn Ihr Verstand es besser weiß.

Das Fresko in der Grote-Kerk-Kirche

Ist da irgendetwas falsch an dieser Darstellung?

Hogarths Perspektivenfehler

Wie viele Perspektivenfehler finden Sie in diesem Bild?

Reutersvärds unmögliches Dreieck

In dieser Version verfeinerte Oscar Reutersvärd sein ursprüngliches Arrangement von Würfeln, die ein unmögliches Dreieck bilden.

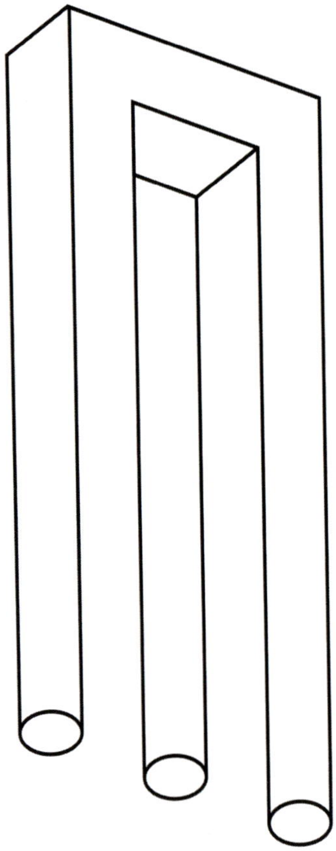

Wie viele Zinken?

Auch dies ist eine klassische unmögliche Figur – die unmögliche Gabel. Wie viele Zinken zählen Sie? Betrachten Sie die Gesamtlänge des mittleren Zinkens. Was passiert?

Der standhafte Elefant

Hat dieser Elefant Probleme beim Gehen?

Eschers Belvedere

Was stimmt nicht an diesem Gebäude?

Eschers Wasserfall

Kann Wasser wirklich auf diese Weise fließen?

Treppauf und treppab

Finden Sie die höchste beziehungsweise die tiefste Stufe?

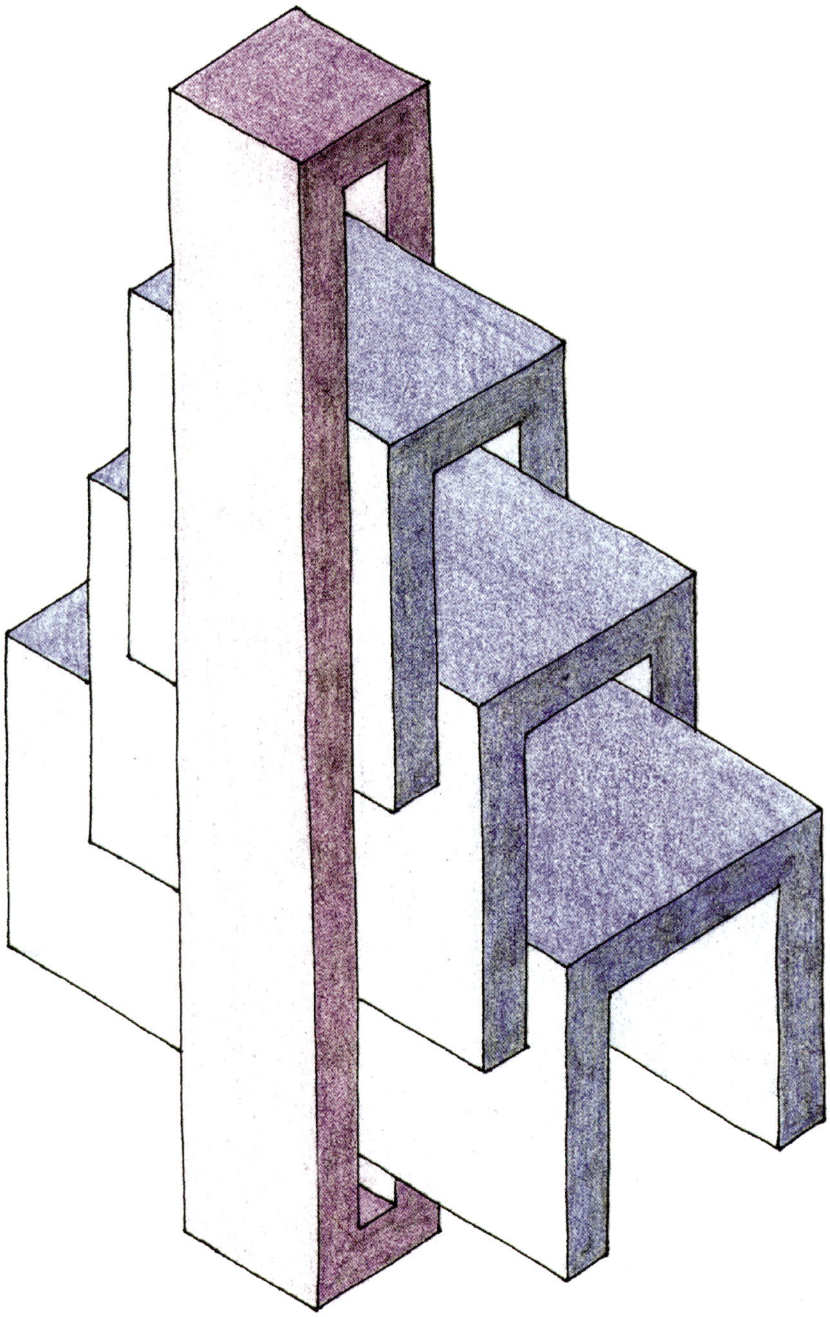

Größere Teile in kleineren Teilen

Wie passen größere Teile in kleinere?

Ein unmögliches Dreieck mit einem seltsamen Dreh

Was stimmt nicht an dieser Figur?

Eine unmögliche Treppe

Was stimmt an dieser Treppe nicht?

Unwahrscheinliches Fenster

Dieses Stillleben mit einem Mann auf einem Fenstersims stammt vom belgischen Künstler Jos De Mey und enthält unmögliche Dreiecke. Der Mann mit dem unmöglichen Würfel in den Händen ist eine Hommage an den Mann mit dem unmöglichen Würfel in M. C. Eschers „Belvedere".

Melancholische Melodie an einem flämischen Wintertag

Wodurch tut sich die linke Säule so hervor?

Zwischen Illusion und Wirklichkeit

Was ist das Besondere an den beiden Öffnungen?

Das gefaltete Schachbrett

Betrachten Sie dieses Schachbrett von oben oder unten? Auch die Leitern sind seltsam verdreht. Dieses bezaubernde Bild schuf der Schweizer Künstler Sandro Del Prete. Vergleichen Sie es mit dem Bild auf der nächsten Seite.

Die unmögliche Terrasse

Sehen Sie den Balkon von oben oder von unten?

Peregrination

Ist dies ein unmögliches Bauwerk?

UNMÖGLICHE FIGUREN
Was passiert hier?

Das Fresko in der Grote-Kerk-Kirche
Das mittelalterliche Fresko aus der Kirche Grote Kerk in Breda, Holland, enthält einen typischen Perspektivfehler, der als unmögliche Figur bezeichnet werden kann. Die mittlere Säule liegt zugleich in zwei Tiefenebenen.

Hogarths Perspektivfehler
1754 machte sich William Hogarth mit diesem bis heute berühmten Kupferstich über Künstler lustig, die Perspektivfehler begingen. Hogarth wollte durch die beliebige Verwendung der Perspektive auf die Macht der korrekten Perspektive aufmerksam machen.

Wie viele Zinken?
Es ist einfach, die vielen Quellen der Verwirrung bei dieser unmöglichen Gabel zu beschreiben. Zunächst fehlen der unmöglichen Gabel die intakten Grenzen fester Gegenstände. Die Figur besitzt keine Silhouette und kann nicht eingefärbt werden. Der Umriss des mittleren Zinkens verschmilzt mit den Umrissen der äußeren Zinken. Außerdem scheint der mittlere Zinken eine Ebene tiefer zu liegen. Die Figur ist besonders ungewöhnlich, weil sie auf den ersten Blick den Eindruck eines festen Objekts macht, obwohl sie tatsächlich keine vollständige Kontur besitzt. Überdies werden Sie feststellen, dass sich drei Zinken auf wundersame Weise in zwei verwandeln. Das Paradoxon ist sehr stark, weil ihm so viele Unmöglichkeitsquellen zu Grunde liegen.

Bedecken Sie die untere Hälfte der Abbildung. Die obere Hälfte stimmt vollkommen. Sie sieht aus, als würde sie zwei rechteckige Zinken mit ebenen Oberflächen darstellen.

Bedecken Sie nun die obere Hälfte und betrachten Sie nur die untere Hälfte. Diese Figur interpretieren Sie als drei einzelne Zylinder mit gebogener Oberfläche.

Die Einzelteile der Figur stimmen, doch insgesamt stellt sie ein Paradoxon dar.

Es ist nicht bekannt, wer diese Figur erschuf, doch sie wurde erstmals 1964 veröffentlicht und seither oftmals abgedruckt.

Der standhafte Elefant
Der Stanford-Psychologe Roger Shepard kreierte mit diesem unmöglichen Elefanten eine interessante Version der unmöglichen Gabel. Um dem Zählparadoxon bei der Anzahl der Beine zu entgehen, legte Shepard die auffälligere Diskontinuität in den Linien rechts außen an. Vergleichen Sie Elefant und Gabel. Beide Figuren weisen Diskontinuitäten in ihren Umrissen auf, doch bei der Gabel gibt es nur geschlossene Linien.

Eschers Belvedere
Dieses erste unmögliche Werk des holländischen Grafikers M. C. Escher wurde 1958 unter dem Titel „Belvedere" veröffentlicht. Das obere Stockwerk steht im rechten Winkel zum unteren. Der sitzende Mann hält einen unmöglichen Würfel.

Eschers Wasserfall
M. C. Eschers berühmter Druck „Wasserfall" entstand 1961 aufgrund einer Inspiration durch Roger Penroses unmögliches Dreieck. Tatsächlich setzte Escher die Basis der Struktur aus drei unmöglichen Dreiecken zusammen. Vorbereitenden Skizzen zufolge wollte Escher ursprünglich drei kolossale Gebäude zeichnen; doch während der Arbeit daran erkannte er, dass er das unmögliche Dreieck mit fallendem Wasser auf einzigartige Weise illustrieren konnte. Das Wasser fällt über eine Kante und bewegt ein Mühlrad. Dann fließt es durch einen Steinkanal. Wenn Sie dem Wasserverlauf folgen, sehen Sie, dass es abwärts in den Hintergrund fließt, bis es den tiefsten und entferntesten Punkt erreicht, der identisch ist mit dem nächsten und höchsten Punkt. Daher kann das Wasser wieder fallen und das Rad antreiben.

Treppauf und treppab
Dieses Werk von M. C. Escher aus dem Jahr 1961 basiert auf der unmöglichen Treppe von Lionel Penrose. Wenn Sie dem Treppenverlauf folgen, werden Sie keine höchste oder tiefste Stufe finden. Die Figuren auf der Treppe sind Mönche. Escher zeichnete die Treppe perspektivisch, was zu einer weiteren Größenillusion führen sollte. Die treppab steigenden Mönche sollten kleiner werden, die treppauf steigenden größer. Das tun sie nicht. Obwohl Escher die Perspektive sehr genau ausgearbeitet hat, hat er in diesem Punkt ein wenig geschwindelt.

Größere Teile in kleineren Teilen
Der schwedische Künstler Oscar Reutersvärd erschuf ein neues Tiefenparadoxon. In dieser Zeichnung scheinen größere Teile in kleinere hineinzupassen.

Ein unmögliches Dreieck mit einem seltsamen Dreh
Betrachten Sie den oberen Teil der zwei Balken. Einer liegt hinten und verschmilzt mit dem anderen auf unmögliche Weise. Normalerweise kann eine Linie ihre Interpretation nicht von konvex (wenn zwei Oberflächen vom Betrachter fortlaufen) zu konvex (wenn zwei Oberflächen in Richtung Betrachter zusammenlaufen) und umgekehrt ändern, ohne einen Scheitelpunkt zu passieren. Der obere Teil mit der helleren Oberfläche endet rechts in einem y-förmigen Scheitelpunkt, wobei das mittlere Segment konkav ist. Wenn sich das Segment nach oben fortsetzt, wird es konvex, ohne einen Scheitelpunkt zu passieren, ein klarer Fall von Unmöglichkeit.

Eine unmögliche Treppe
Alle Stufen liegen auf gleicher Höhe wie die Umgebung.

Melancholische Melodien an einem flämischen Wintertag
Diese Illusion mit unmöglichen Ebenen ähnelt jener, die unbeabsichtigt in dem mittelalterlichen Fresko in der Grote Kerk entstanden ist. Trotzdem ist die Basis dieser Illusion das unmögliche Dreieck, was der belgische Künstler Jos De Mey geschickt kaschiert hat.

Zwischen Illusion und Wirklichkeit
Die physikalische Konstruktion dieser Szene ist unmöglich. Betrachten Sie die beiden Durchgänge, indem Sie zuerst die untere Hälfte abdecken. Sie werden feststellen, dass die Passagen herausragen. Das ist möglich. Wenn Sie dann die obere Hälfte abdecken, werden Sie sehen, dass der untere Teil der Passage sich einwärts erstreckt, was physikalisch mit dem hervorstehenden Oberteil unvereinbar ist. Der kritische Übergang liegt im oberen Viertel der Darstellung, etwa auf Höhe der blassen Figuren links. Dieser Quader ist undurchsichtig, doch der untere Teil scheint offen. Das würde in der Natur so gut wie nie ohne klare Grenze dazwischen auftreten.

Die unmögliche Terrasse
Der Grafikkünstler David MacDonald adaptierte Del Pretes „Gefaltetes Schachbrett" zum unmöglichen Balkon. Ein Vergleich der beiden Bilder zeigt interessanterweise, dass MacDonald Probleme hatte, die zwei verschiedenen Perspektiven, die durch die Hinzufügung der Balustraden entstanden, aufzulösen. Er musste das Bild wortwörtlich rechts und links beschneiden, damit es funktionierte. Del Pretes Darstellung war diesbezüglich erfolgreicher.

9 PERSPEKTIVISCHE ILLUSIONEN

Ihr Sehsystem muss die Lage von Objekten in der Welt exakt bestimmen, nicht nur zur Navigation, sondern auch für das Greifen und um die Distanz von Angreifern einzuschätzen. Tiefenwahrnehmung ist eine fundamentale visuelle Aufgabe. Ihr Sehsystem hat einige Wege entwickelt, um Größen- und Entfernungsverhältnisse zwischen Objekten in verschiedenen Distanzen zu bestimmen.

Stereo-Information (räumliches Sehen), Konvergenz (das Zusammenlaufen unserer Augen, wenn sich Objekte nähern), Akkomodation (der Wechsel des Fokus, wenn die Linse des Auges ihre Größe verändert), Kontrast, Farbe und Helligkeit sind Hinweise, die uns Informationen zu Distanz und Größe liefern.

Die einleuchtendste Methode, die unser Sehsystem zur Einschätzung von Größen/Distanz-Verhältnissen entwickelt hat, ist jedoch die Perspektive, bei der sich Linien in einem entfernten Punkt treffen. Die Perspektive wurde im frühen 15. Jahrhundert entdeckt und durch die Pionierarbeiten von Filippo Brunelleschi und Leon Battista Alberti erforscht. Ihre Methoden veränderten die westliche Kunst, die in der Folge natürlicher und realistischer wurde.

Eine realistische dreidimensionale Darstellung in der Kunst ist eine Illusion. Doch dank der von Künstlern entdeckten Gesetze der Perspektive können auch Illusionen geschaffen werden, in denen die perspektivische Darstellung nicht mit der physikalischen Realität übereinstimmt.

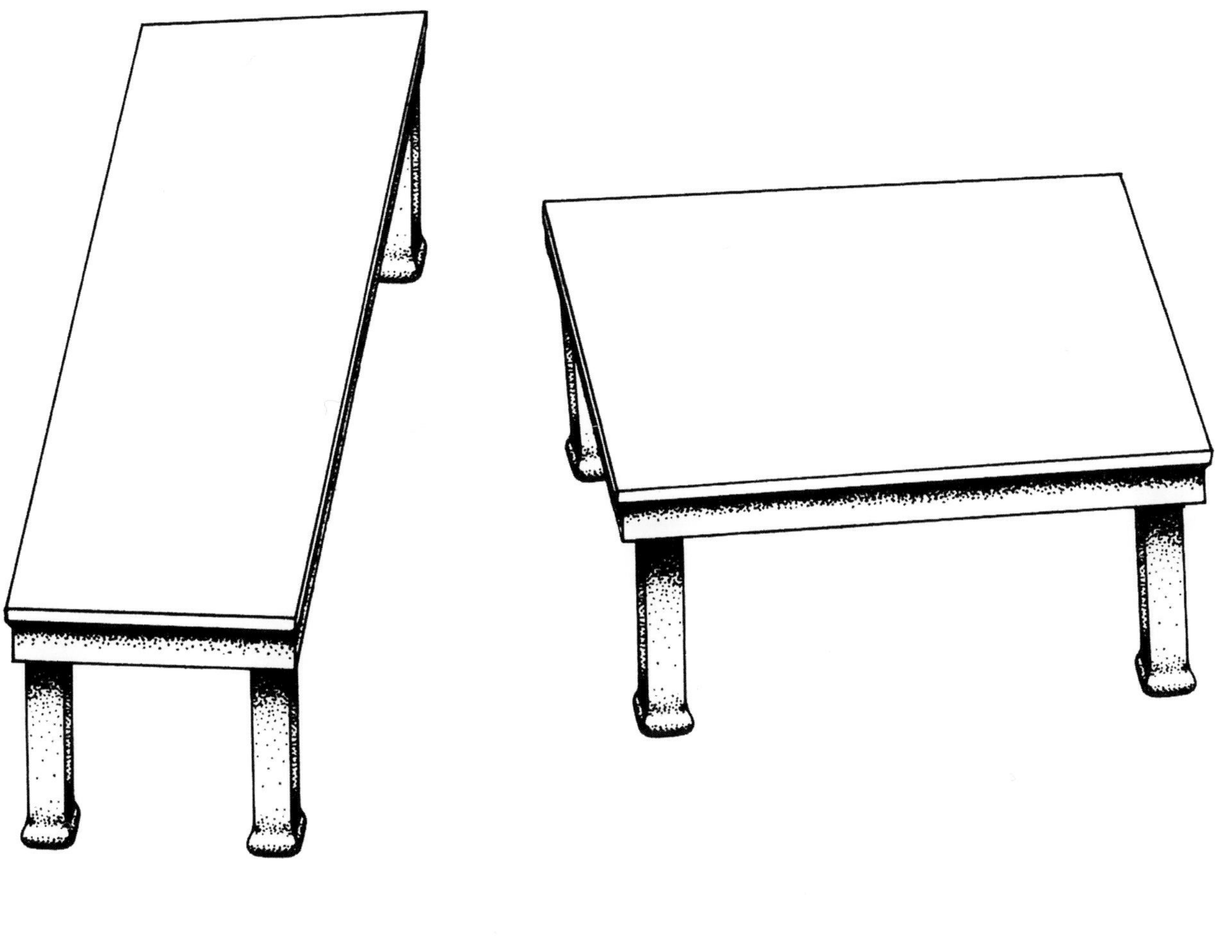

Shepards Tischplatten-Illusion

Diese beiden Tischplatten stimmen in Form und Größe exakt überein. Wenn Sie es nicht glauben, pausen Sie sie durch und vergleichen Sie sie.

Eine Längenillusion

Obwohl sie ganz unterschiedlich lang wirken, sind die Strecken AB und CD gleich lang.

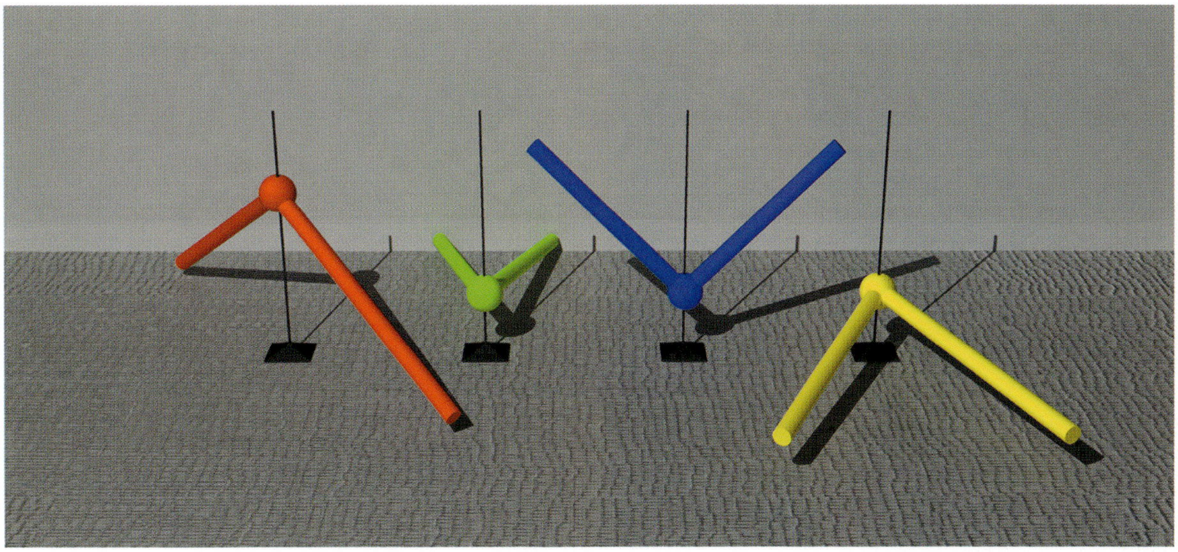

A

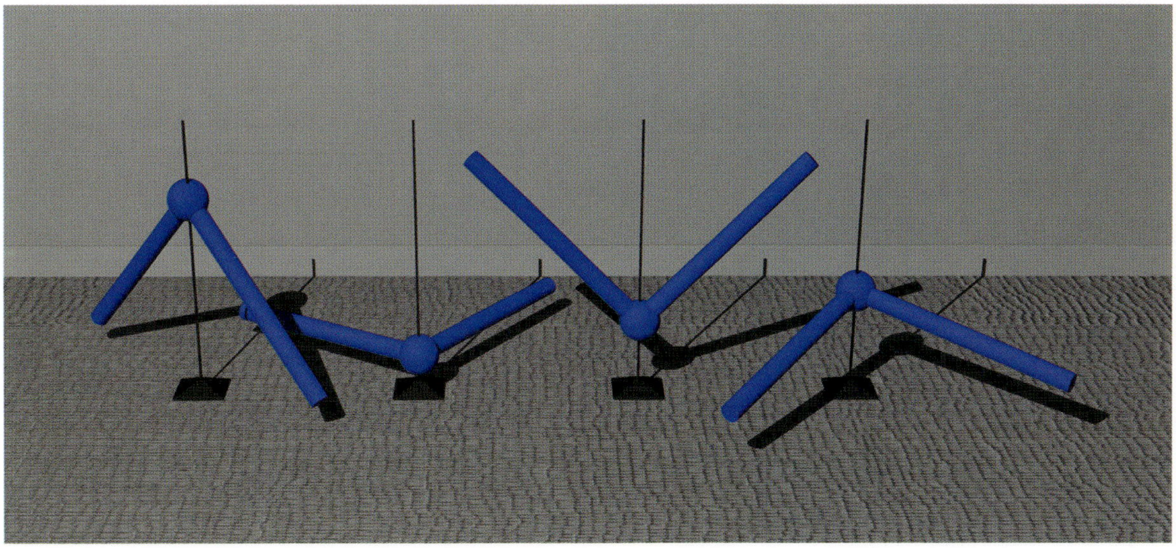

B

Haben Sie den rechten Winkel?

Foto A: Welcher Winkel erscheint, ohne Messinstrument, am größten? Welcher wirkt am kleinsten? Ordnen Sie die Winkel nach ihrer Größe vom größten zum kleinsten.

Foto B: Sind alle Winkel gleich groß?

Terra Subterranea

Ist die Figur im Hintergrund größer als die im Vordergrund? Es scheint so, doch in Wahrheit sind die beiden Figuren gleich groß.

Die Hallway-Illusion

Bis auf den kleinen Mann in der rechten unteren Bildecke wirkt die Darstellung völlig normal. Der kleine Mann ist jedoch genauso groß wie die Figur im Hintergrund.

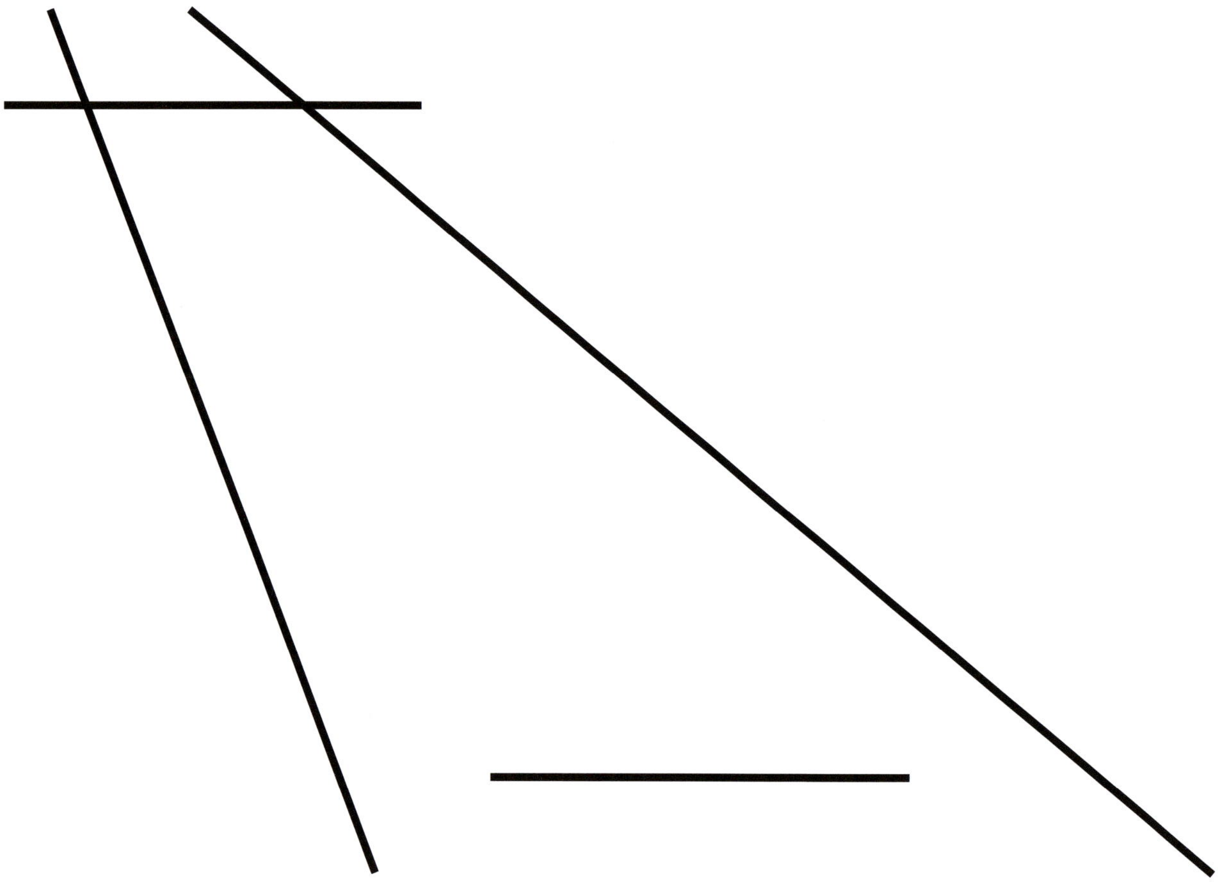

Die Ponzo-Illusion

Welche horizontale Linie ist länger?

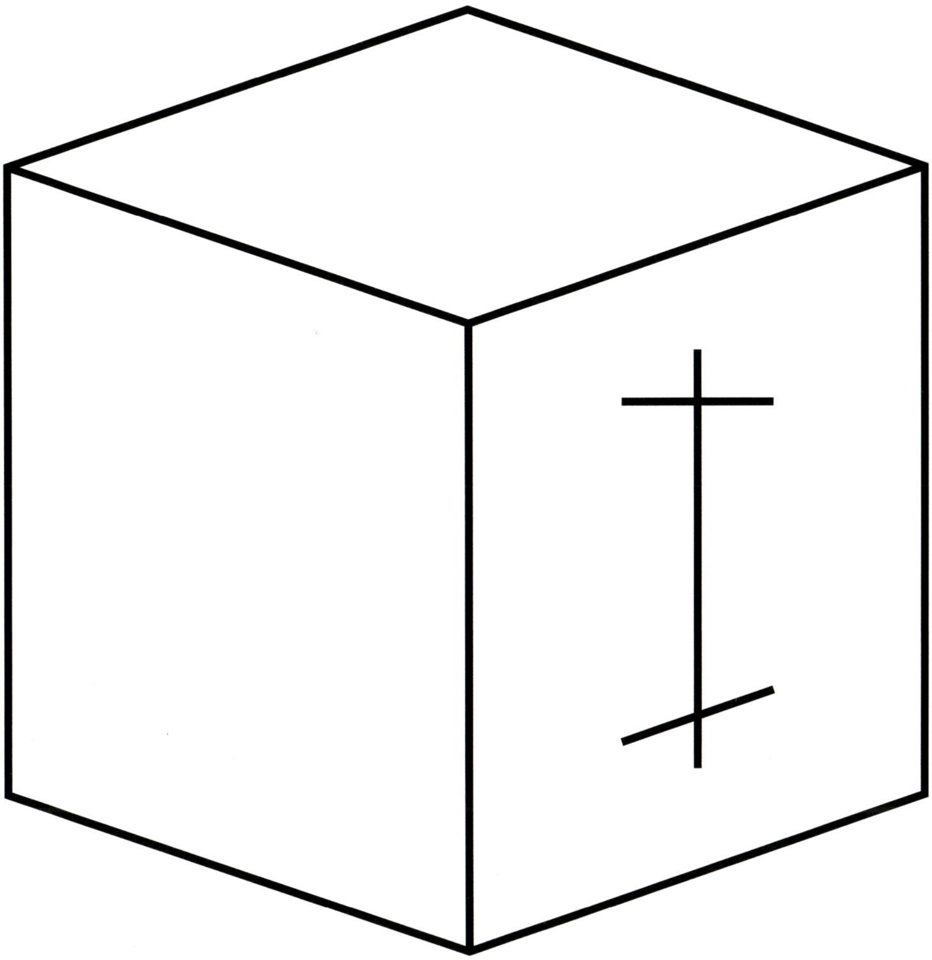

Die Perspektiven-Schachtel-Illusion

Betrachten Sie die Zeichnung an der Außenseite des Würfels. Welche Linie steht rechtwinkelig zur Vertikalen, welche im schiefen Winkel? Bedecken Sie den Umriss des Würfels und Ihre Wahrnehmung wird sich verändern.

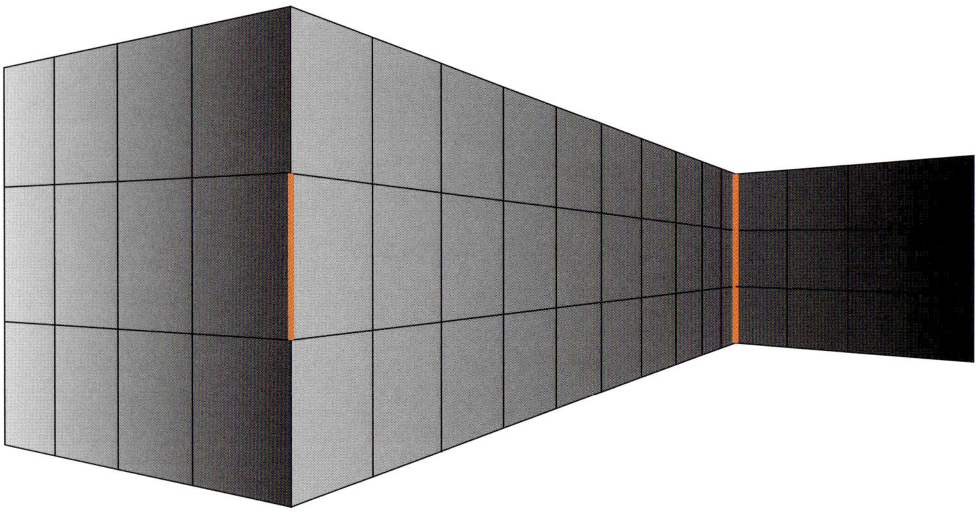

Die perspektivische Müller-Lyer-Illusion

Welche rote Linie ist länger?

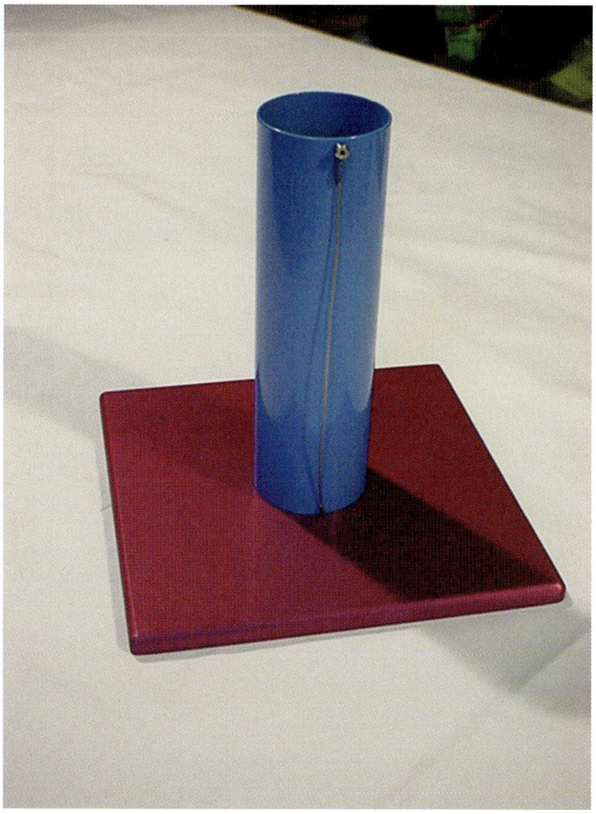

Eine Verkürzungsillusion

Schätzen Sie (aber berechnen Sie nicht) den Umfang des Zylinderrandes. Würden Sie sagen, er ist kleiner, gleich oder größer als die Höhe des Zylinders?

PERSPEKTIVISCHE ILLUSIONEN
Was passiert hier?

Shepards Tischplatten-Illusion
Obwohl die Zeichnung selbst flach ist, stellt sie ein dreidimensionales Objekt dar. Die Kanten und Beine des Tisches stellen perspektivische Anhaltspunkte dar, die Ihre Interpretation der dreidimensionalen Form und Konstanz beeinflussen. Diese starke Illusion demonstriert, dass Ihr Gehirn nicht einfach eine nüchterne Interpretation des Gesehenen liefert. Diese Illusion stammt vom Stanford-Psychologen Roger Shepard.

Eine Längenillusion
Perspektivische Hinweise bilden einen dreidimensionalen Kontext für die Längenwahrnehmung.

Haben Sie den rechten Winkel?
Auch wenn es schwer zu glauben ist, im oberen Foto sind alle Winkel rechte Winkel. Das Abbild eines Winkels auf der Netzhaut ist vieldeutig. Wir müssen seine exakte Tiefenausrichtung kennen. Dale Purves und R. Beau Lotto von der Duke University zufolge beeinflusst die Ausrichtung eines Winkels stark die Einschätzung seiner Größe, abhängig von der Häufigkeit, mit der bestimmte Winkel in dieser Ausrichtung in unserer Erfahrung auftreten. Winkel mit der Ausrichtung des roten Winkels neigen dazu, groß zu sein, solche mit der Ausrichtung des grünen, klein. Daher überschätzen wir den roten und unterschätzen den grünen Winkel.

Die Winkel im unteren Foto sind alle verschieden, auch wenn sie gleich wirken. Auf diese Weise ist es möglich, physikalisch unterschiedliche Winkel gleich aussehen zu lassen, indem man wechselseitig inkonsistente Informationen präsentiert. Auch wenn diese Objekte rechtwinkelig erscheinen, bildet kein einziges davon einen rechten Winkel.

Diese Illusion ist bei Menschen, die viel mit Bautischlerei zu tun haben, stark abgeschwächt.

Terra Subterranea
Diese Zeichnung des Stanford-Psychologen Roger Shepard stellt eine dreidimensionale Szene perspektivisch dar. Sie ist ein gutes Beispiel dafür, wie unser Gehirn Bilder interpretiert.

Für gewöhnlich passieren zwei Dinge, wenn ein Objekt in die Ferne rückt. Erstens wird der Blickwinkel auf das Objekt schmäler. Das dürfte Ihnen bekannt sein. Weit entfernte Objekte wirken kleiner. Zweitens nähert sich ein Objekt immer stärker einem Sehhorizont, je weiter es sich von Ihnen entfernt. Das stimmt mit der Art und Weise, wie wir Perspektiven zeichnen, überein. Wenn sich ein normales Objekt entfernt, schrumpft der Blickwinkel und es nähert sich dem Sehhorizont.

In Shepards Zeichnung hat sich die Hintergrundfigur zwar einem Sehhorizont angenähert, aber der Blickwinkel ist nicht entsprechend kleiner geworden. Wenn die beiden Figuren gleich groß wären und eine im Hintergrund wäre, müsste der Blickwinkel auf sie kleiner sein. Doch hier hat die Figur im Hintergrund denselben Blickwinkel wie die Figur im Vordergrund. Daher interpretiert Ihr Seh/Wahrnehmungssystem die hintere Figur als größer als die vordere. Diese Zeichnung beweist sehr eindrucksvoll, dass das Gehirn großartig im Interpretieren ist. Wenn Sie die hintere Figur auf den gleichen Sehhorizont wie die vordere stellen könnten, würde die Illusion verschwinden.

Die Hallway-Illusion
Diese Illusion ähnelt dem vorigen Beispiel, nur diesmal steht die kleine Figur rechts auf demselben Sehhorizont wie die größere Vordergrundfigur. Hier ist nun der Blickwinkel kleiner, doch die Figur hat sich nicht dem Sehhorizont angenähert. Deshalb wird die Figur als kleinere Figur interpretiert, nicht als eine weiter entfernte. Diese Illusion bildet die Basis der bekannten Illusion, die sich im Ames-Raum ereignet. Ein Beispiel dafür finden Sie im Kapitel über architektonische Illusionen.

Die Ponzo-Illusion
Die zwei horizontalen Linien sind gleich lang. Die zusammenlaufenden Linien liefern wichtige perspektivische Hinweise. Diese klassische Illusion entdeckte der italienische Sehforscher Mario Ponzo 1914.

Die Perspektive-Schachtel-Illusion
Die perspektivischen Anhaltspunkte der Schachtel bilden einen Kontext für die Ausrichtung der Linien in der zentralen Figur. Wenn die perspektivischen Hinweise entfernt werden, muss Ihr Sehsystem einen anderen Kontext verwenden.

Perspektivische Müller-Lyer-Illusion
Sie sind gleich lang. Auch wenn die Müller-Lyer-Illusion keine perspektivische Illusion ist, kann sie, wie in diesem Beispiel, durch perspektivische Anhaltspunkte verstärkt werden.

Eine Verkürzungsillusion
Die Höhe des Zylinders ist gleich seinem Umfang. Die meisten schätzen den Umfang kürzer als die Länge des Zylinders. Wenn man den Rand mit einem Band messen und dieses dann neben den Zylinder halten würde, würde es die ganze Länge ausmachen, was auch mit der elementaren Geometrie übereinstimmt ($U=2\pi r$).

Die Illusion entsteht zum Teil dadurch, dass der Rand des Zylinders verkürzt ist, die Länge aber überhaupt nicht.

10 KONTEXT- und PRIMING-ILLUSIONEN

Psychologen wissen schon seit langem, dass Kontext und Erwartungen die Wahrnehmung beeinflussen können. Heute wissen wir, dass der Kontext die Wahrnehmung dramatisch und auf grundlegende Weise verändern kann. Es gab unzählige klassische Studien, die zeigten, wie stark die Wahrnehmung eines Ereignisses durch Vorwissen und Kontext gesteuert werden kann. Deshalb sind Zeugenaussagen für ihre Unzuverlässigkeit berüchtigt. Es ist bekannt, dass Zeugen eines Verbrechens oder eines dramatischen Ereignisses ganz unterschiedliche Aussagen darüber abgeben, was passiert ist.

Es ist außerdem möglich, eine Person zu „präparieren", um ihre Wahrnehmung in eine bestimmte Richtung zu lenken. Das so genannte „Priming" tritt dann ein, wenn Sie etwas hören oder sehen und es mit einer anderen Information in Verbindung bringen. Studien haben zum Beispiel gezeigt, dass viel mehr Personen behaupteten, UFOs gesehen zu haben, nachdem sie eine Fernsehsendung über außerirdische Besuche gesehen hatten.

Priming steht auch in Verbindung mit der Tatsache, dass Suggestion Urteile beeinflussen kann. Die gesamte Werbeindustrie versucht, die Entscheidungen der Käufer durch unterschwellige Werbung zu beeinflussen. Obwohl wir verschiedene Fälle von Wahrnehmungs-Priming beschreiben können, ist bislang völlig ungeklärt, warum diese Wahrnehmungen auftreten.

Ein seltsamer Fang

Decken Sie den Mann ab: Der Fisch scheint normale Größe zu haben.
Decken Sie die Hand ab: Er sieht aus wie ein bemerkenswerter Fang.

Das Ungeheuer von Loch Ness?

Diese Aufnahme zeigt angeblich das berühmte Ungeheuer von Loch Ness, aufgenommen auf dem Loch Ness. Glauben Sie, hier das Ungeheuer zu sehen?

Erdbebenzone

Scheinen diese Bücherregale zu fallen?

Was ist das?

Ergibt diese bizarre Szene für Sie Sinn? Das Bild ist keine Fotomontage.

Eine Täuschung für die Vögel

Auf einer Insel vor der Küste von Maine, USA, steht ein Papageientaucher inmitten von drei Vogelattrappen, die die National Audubon Society, eine Naturschutzgruppierung, dort platziert hat. Durch übermäßige Jagd verschwanden die Papageientaucher im 19. Jahrhundert aus ihrer Inselheimat. Heute versucht man, sie zurückzulocken. Die Attrappen scheinen zu funktionieren. Also können auch Vögel durch Kontext genarrt werden.

Was sehen Sie?

Was Sie wahrnehmen, beruht auf Ihren bisherigen Erfahrungen.

Eine seltsame Herde

Ist das wirklich eine Schafherde?

Priming-Illusion

Das ist eine lustige Priming-Illusion, die Sie an Ihren Freunden ausprobieren können. Lassen Sie einen Freund zehnmal laut das Wort „Weiß" sagen. Lassen Sie es ihn noch zehnmal wiederholen, diesmal wirklich laut. Wenn er fertig ist, bitten Sie ihn um eine schnelle Antwort auf die Frage: „Was trinkt eine Kuh?"

1000
20
30
1000
1030
1000
\+ 20

????

Bloß eine Frage des Rechnens

Zählen Sie die Zahlenreihe laut zusammen. Wie lautet Ihre Antwort? Die meisten antworten falsch! Probieren Sie diesen Spaß mit Ihren Freunden aus! Sehen Sie die richtige Antwort erst nach, wenn Sie es selbst versucht haben.

Hysterese

Hier sehen Sie eine Serie von Bildern, die sich von einer Interpretation (ein männlicher Kopf) in eine andere (eine knieende Frau) verwandeln. Betrachten Sie nun, beginnend bei dem männlichen Kopf, jedes Bild und finden Sie heraus, an welchem Punkt Ihre Interpretation der Bilder zu der knieenden Frau übergeht. Beginnen Sie dann bei der knieenden Frau und arbeiten Sie sich in Richtung Männerkopf vor. Stellen Sie auch hier wieder fest, an welchem Punkt Ihre Interpretation wechselt.

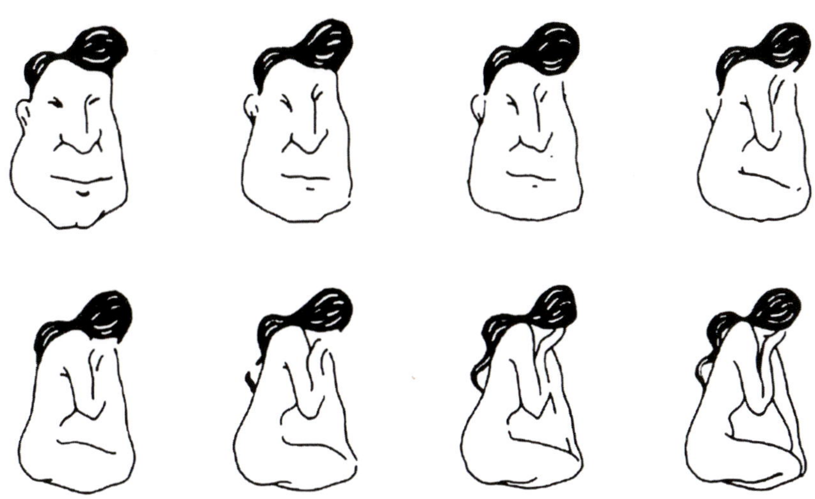

red	green
blue	orange
black	blue
yellow	gray
red	pink

Stroop-Effekt

Sagen Sie die Liste farbiger Wörter auf; sagen Sie aber nicht das Wort, sondern die Farbe des Wortes, und zwar so schnell wie möglich. Sie werden feststellen, dass das gar nicht so einfach ist.

KONTEXT- und PRIMING-ILLUSIONEN

Was passiert hier?

Ein seltsamer Fang

Der Kontext einer Szene kann Ihre Wahrnehmung der relativen Größe beeinflussen.

Das Ungeheuer von Loch Ness?

Illusionen entstehen oft durch Kontext und Erwartung. Dieser schwimmende Baumstamm würde außer am Strand von Loch Ness in Schottland nirgendwo für etwas anderes gehalten werden. Ein Tourist, der auf das Ungeheuer wartete, schoss dieses Foto in der Hoffnung, er hätte den Beweis für das berühmte Ungeheuer auf Film gebannt. Ohne Zweifel „präparierte" die Überschrift auch Sie.

Erdbebenzone

Der Autor, der in Kalifornien lebt, das für Erdbeben berühmt ist, baute dieses Bücherregal nach einem Entwurf von Ron Christenson. Für die Illusion ist die Anordnung der Bücher entscheidend.

Was ist das?

Es ist ein Tänzer, dessen Hände in Schuhen stecken und dessen Kopf hinter seinem Arm verborgen liegt. Obwohl die Teile des Bildes einfach zu identifizieren sind, sind sie absichtlich so angeordnet, dass ihre Konfiguration nicht mit Ihrer normalen Erfahrung übereinstimmt. Daher muss Ihr Wahrnehmungssystem beim ersten Anblick schwer arbeiten, um die vertrauten Teile zu einer zusammenhängenden und sinnvollen Form zu gruppieren. Nachdem Sie das Bild eine Weile betrachtet haben, lösen Sie das Wahrnehmungsproblem, sodass die Szene eine sinnvollere und weniger bizarre Interpretation erhält. Wenn Ihr Wahrnehmungssystem sich für eine sinnvolle Interpretation entschieden hat, ist es nahezu unmöglich, das Bild auf eine andere Weise wahrzunehmen. Darin zeigt sich, wie wichtig die sinnvolle Bedeutung für die Bildinterpretation durch Ihr Wahrnehmungssystem ist.

Was sehen Sie?

Dies ist ein ausgezeichnetes Beispiel für Priming durch Erfahrung. Wenn Sie noch jung und unschuldig sind und noch nicht „verdorben" wurden, sehen Sie mehrere Delfine. Jawohl, Delfine! Erwachsene sehen ein Liebespaar in verfänglicher Umarmung. Wenn Sie Schwierigkeiten haben, die Delfine zu sehen, kehren Sie Figur und Hintergrund um. Was zuerst den Hintergrund ausmachte (dunkel), wird zu Delfinen (Figuren).

Es war sehr lustig, bei einer öffentlichen Ausstellung in der Universität von Cambridge Eltern und kleine Kinder über die Aussage dieses Bildes streiten zu sehen. Die Erwachsenen riefen: „Welche Delfine?" Dieses Bild wurde auch in einer Illusionen-Galerie im Wissenschaftsmuseum in Boston ausgestellt. Auf die Frage, ob es eine Kontroverse über die Ausstellung dieses Bildes gegeben hätte, wurde geantwortet, dass sich einmal einige Nonnen aufgeregt hätten, doch dass sie verstummten, als sie hörten, dass die Wahrnehmung auf der Erfahrung beruhte. Sie kicherten und gingen fort. Die „Liebe der Delfine" stammt vom Schweizer Künstler Sandro Del Prete.

Eine seltsame Herde

Tatsächlich handelt es sich nicht um eine Herde von Schafen im herkömmlichen Sinn, sondern um Anhänger eines seltsamen Nudistenkultes.

Priming-Illusion

Die meisten Leute assoziieren die Wörter „Kuh", „weiß" und „trinken" mit Milch, nicht mit Wasser. Indem Sie die Person das Wort „Weiß" wiederholen lassen, verstärken Sie die Assoziation.

Bloß eine Frage des Rechnens

Dies ist eine wunderbare Priming-Illusion mit einfachen Additionen, auf die Kassierer und Mathematiker hereinfallen. Die korrekte Antwort ist 4100, nicht 5000!

Hysterese

Das „Umkippen" der Interpretation findet meist an verschiedenen Stellen statt. Für gewöhnlich beharrt der Betrachter auf der ersten Interpretation, bis es überwältigende Beweise für die zweite gibt. Dieses „Beharren" nennt man Hysterese. Diese Serie sich verändernder Bilder stammt ursprünglich vom englischen Psychologen Gerald Fisher.

Stroop-Effekt

Hier gibt es sechs Wörter und sechs Farben. Wenn Bedeutung und Farbe nicht übereinstimmen, werden die meisten Menschen langsamer. Wenn Sie versuchen, die Farbe zu sagen, lesen Sie zugleich das Wort. Die zwei verschiedenen Informationsquellen geraten in Konflikt, was Ihre Reaktionszeit verlangsamt. Dieser Effekt tritt auch bei falsch benannten Objekten auf. Es ist weniger eine Illusion als eine Wahrnehmungsverwirrung. Sie wurde 1935 vom holländischen Psychologen John Ridley Stroop entdeckt und ist als „Stroop-Effekt" bekannt.

11 ILLUSIONEN und GESICHTER

Gesichtserkennung ist ein äußerst wichtiger Teil des menschlichen Sozialverhaltens. Wir können verschiedene Personen erkennen, ihren emotionalen Ausdruck ebenso wie Stimmung, Ehrlichkeit, Intelligenz, Zuverlässigkeit, Sprachverständnis, Geschlecht und Alter. Die Fähigkeit, von einem Gesicht so viele Informationen abzulesen, erfordert verschiedene Wahrnehmungsleistungen. Manche davon konzentrieren sich auf bestimmte Gesichtsmerkmale und ignorieren den Gesamteindruck. Andere wiederum erfassen den Gesamteindruck und vernachlässigen Einzelmerkmale. Das ist eine erstaunliche Leistung, wenn man bedenkt, dass wir buchstäblich tausende Gesichter erkennen können, auch wenn es im Allgemeinen bei den grundlegenden Gesichtsmerkmalen nur geringe Variationen gibt.

Gesichtserkennung ist insofern etwas Besonderes, als sie völlig anders als Objekt- oder Bilderkennung verarbeitet wird und verschiedene Regionen im Gehirn beansprucht. Wir wissen bereits einiges aus Studien über Patienten, die Schädigungen an verschiedenen Teilen des Gehirns erlitten haben, wodurch bestimmte Wahrnehmungsfunktionen beeinträchtigt wurden. Patienten, die zum Beispiel unter „Prosopagnosie" leiden, sind nicht in der Lage, vertraute Personen allein an deren Gesicht zu erkennen. Sie erkennen sich nicht einmal selbst im Spiegel.

Weitere Hinweise darauf, dass die Verarbeitung von Gesichtern anders verläuft, stammen aus Studien, die zeigten, dass umgedrehte Gesichter viel schwerer zu erkennen sind als umgedrehte Objekte. Interessante Wahrnehmungseffekte treten dann auf, wenn nur bestimmte Bereiche des Gesichts umgedreht werden. Ähnliche „Umkehreffekte" können auch bei anderen Reizen als Gesichtern beobachtet werden, wenn die Betroffenen sehr geübt darin sind, in einer bestimmten Kategorie Unterschiede zu erkennen. Zum Beispiel ist die Fähigkeit von Hundezüchtern, zwischen Welpen zu unterscheiden, stark herabgesetzt, wenn die Hundebilder auf den Kopf gestellt präsentiert werden.

Die Cheshire-Katze-Illusion

Diese Illusion ist wirklich faszinierend, doch man braucht zwei Personen, damit sie funktioniert! Eine Person sitzt vor einem Spiegel, eine weiße Wand rechts von ihr. Die Spiegelkante wird so vor ihre Nase gestellt, dass die reflektierende Oberfläche zur Wand zeigt. Die andere Person sollte der ersten direkt gegenüber sitzen. Die erste Person sollte sich so setzen, dass ihr rechtes Auge nur die Reflexion der Wand sieht, während das linke Auge geradeaus auf das Gesicht der Person gegenüber blickt. Die beiden Gesichter sollten sich auf einer Höhe befinden. Es ist wichtig, dass die Personen absolut still halten und den Kopf nicht bewegen. Nun sollte die erste Person ihre Hand mit dem Tafelschwamm kreisförmig vor der weißen Wand bewegen. Das Gesicht der Person, die sie ansieht, wird bis auf Augen und Mund verschwinden – wie die Cheshire-Katze in „Alice im Wunderland"!

Vielleicht müssen Sie es mehrmals versuchen, aber geben Sie nicht auf. Es kann ein wenig dauern, bis Sie den Effekt sehen – es ist erstaunlich! Das Verschwinden kann bis zu fünf Sekunden anhalten, wenn die Augen ruhig gehalten werden und keine Bewegung im gelöschten Gesichtsfeld auftritt. Wenn sich die Augen bewegen, erscheint die fehlende Szenerie sofort wieder. Wenn sie dem bewegten Objekt folgen, tritt keine Löschung ein.

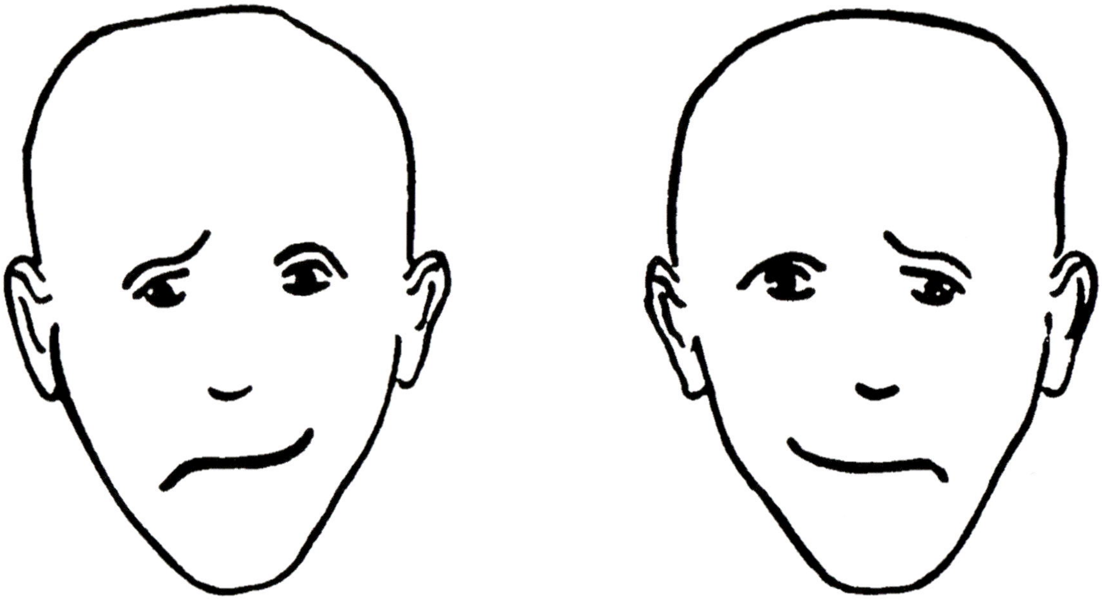

Wer ist glücklicher?

Welches Gesicht wirkt glücklicher?

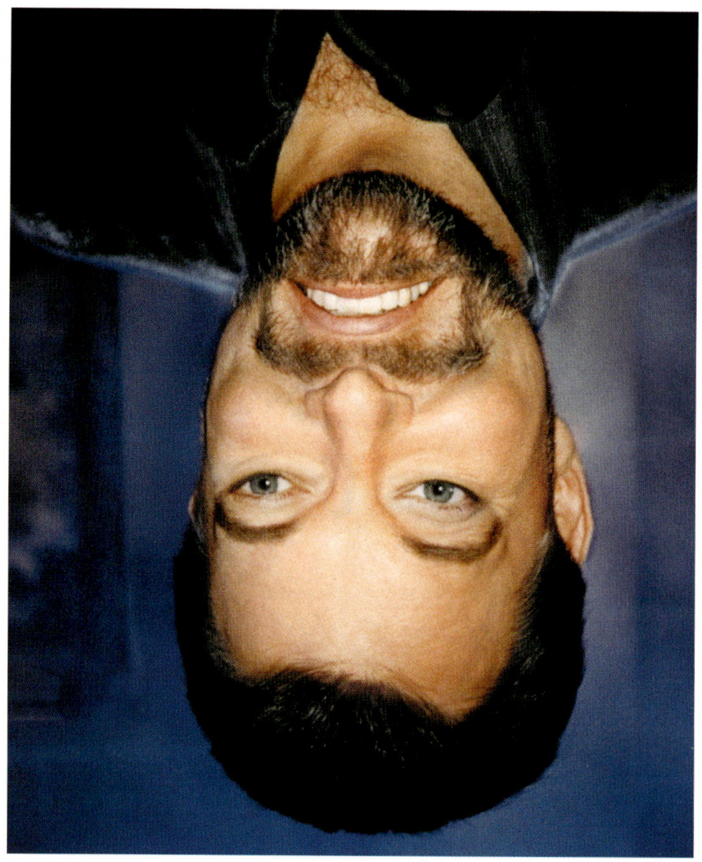

Der umgedrehte Kopf

Dieses Bild des Schauspielers Jonathan Frakes sieht nicht allzu Furcht erregend aus, bis Sie es umdrehen.

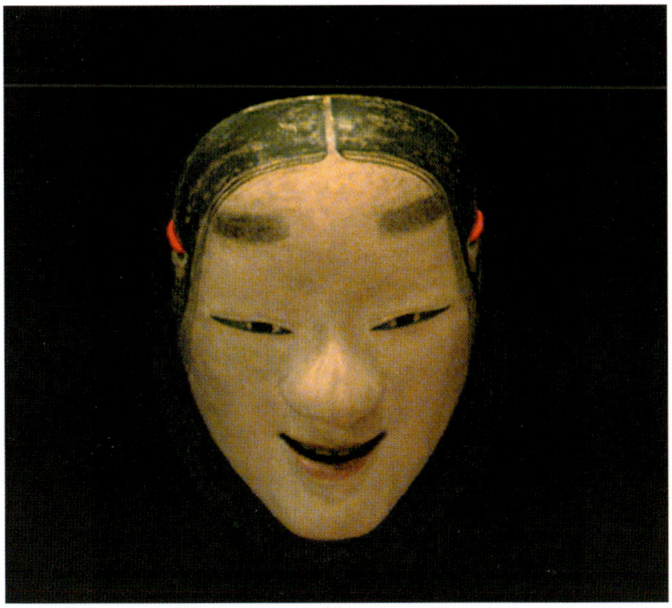

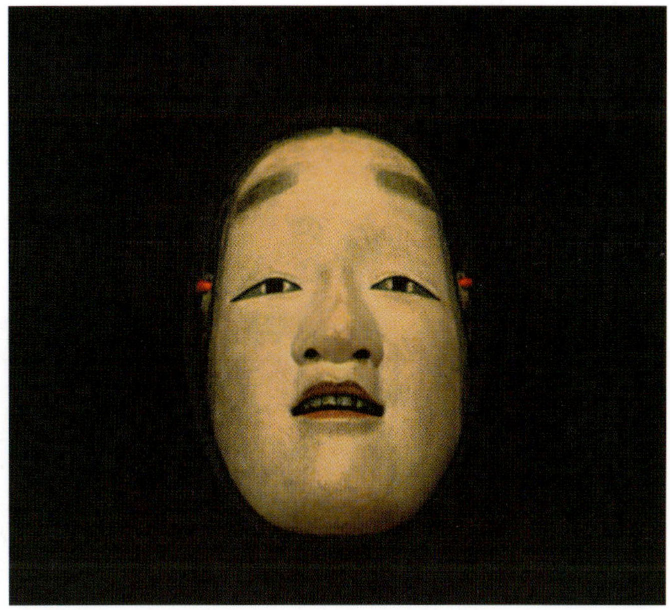

Die magische Maske des Noh

Vergleichen Sie den Gesichtsausdruck auf den drei Masken. Wirken sie verschieden? Es handelt sich stets um dieselbe starre Maske, die aus unterschiedlichen Blickwinkeln präsentiert wird.

Die Blickrichtungsillusion

Welche Mona Lisa sieht Sie an? Sieht es so aus, als wäre die Blickrichtung in den beiden Versionen unterschiedlich?

Die Präsidentenillusion

Welche Politiker sehen Sie hier? Sehen Sie genau hin. Sind Sie sicher?

Thatcher-Blair-Illusion

Wenn Sie schielen, blinzeln oder den Blick unscharf stellen, sollte statt des englischen Premierministers Tony Blair die frühere englische Premierministerin Margaret Thatcher erscheinen. Wenn es nicht funktioniert, sollten Sie zurücktreten, bis sich Ihre Wahrnehmung verändert.

ILLUSIONEN und GESICHTER
Was passiert hier?

Die Cheshire-Katze-Illusion

Das Bild, das Sie sehen, ist in Wirklichkeit eine Kombination verschiedener Bilder, die in Ihrem Gehirn verschmelzen. Sie sehen das Gesicht Ihres Freundes, weil es interessanter ist als die weiße Wand. Wenn Sie Ihre Hand bewegen, ersetzt Ihr Sehsystem Teile des Gesichts Ihres Freundes durch Weiß, weil die Bewegung Ihrer Hand nun mehr Aufmerksamkeit auf die weiße Wand lenkt. Da Gesichtsausdruck und Blick jedoch ebenfalls wichtig sind, bleiben diese Bereiche sichtbar, während der Rest verschwindet.

Sally Duensing vom Exploratorium, einem ausgezeichneten praktischen Museum, entdeckte die Cheshire-Katze-Illusion.

Wer ist glücklicher?

Für viele Menschen sieht das rechte Gesicht glücklicher aus, obwohl die Gesichter fast spiegelbildlich sind. Der Ausdruck des linken Gesichts hat eine größere Wirkung auf unsere Interpretation der Emotionen einer Person. Es gibt eine Kontroverse über die Frage, ob diese Asymmetrie daher kommt, dass die rechte Gehirnhälfte bei der Verarbeitung von Gesichtern dominiert.

Der umgedrehte Kopf

Ein Gesicht, dessen Augen und Mund umgedreht wurden, sieht grotesk aus, wenn es richtig herum betrachtet wird, aber nicht in umgedrehter Lage.

Spezielle Regionen unseres Gehirns sind speziell für die Verarbeitung von Gesichtern zuständig, einschließlich Identität, Emotion, Geschlecht und Blickrichtung. Gestaltverarbeitung ist für das Erkennen von Gesichtern wichtiger als Erkennen, das nur auf den Details beruht, aus denen ein Gesicht besteht. Weil wir fast nur mit aufrechten Gesichtern zu tun haben, spezialisierten sich diese Regionen auf die Verarbeitung aufrechter Gesichter. Wir sind unfähig, die Emotionen umgedrehter Gesichter zu interpretieren. Weil das Gesicht zuerst umgedreht ist (nur Mund und Augen sind verkehrt), ist diese Region inaktiv. Wenn Sie das Gesicht richtig herum betrachten, erkennen Sie dessen extremen Ausdruck.

Es wurde gezeigt, dass dieser Gesichtsumkehreffekt bei manchen Affenarten, die von Bäumen hängen und Gesichter daher routinemäßig verkehrt herum sehen, nicht vorkommt.

Diese Illusion wurde vom englischen Sehforscher Peter Thompson entdeckt und zuerst an einem Bild der früheren englischen Premierministerin Margaret Thatcher angewandt; daher war sie früher als Margaret-Thatcher-Illusion bekannt.

Die magische Maske des Noh

Die Form der Maske betont bestimmte Merkmale, besonders die Konturen des Mundes. Leichte Veränderungen des Blickwinkels führen zu einer Veränderung der relativen Position der Mundwinkel in Bezug zu den Lippen. Unser Sehsystem ist für winzige Veränderungen an Gesichtsmerkmalen besonders empfänglich und interpretiert daher verschiedene emotionale Ausdrücke.

Die Blickrichtungsillusion

Es gibt zumindest zwei Komponenten, aus denen wir auf die Blickrichtung schließen. Die erste ist die Lage des Auges in der Augenhöhle, die zweite ist die Richtung, in die der Kopf gewandt ist. Für gewöhnlich kombinieren wir die beiden Quellen, um die Blickrichtung zu bestimmen. Hier haben wir es mit einer Illusion zu tun, da das rechte Bild gespiegelt wurde – mit Ausnahme der Augen, die unverändert blieben (nicht gespiegelt) –, um das linke Bild zu erzeugen. Das führt dazu, dass der wahrgenommene Blickwinkel ein ganz anderer ist. Harvard-Sehforscher Shinki Ando erschuf diese Illusion des Mona-Lisa-Lächelns. W. H. Wollaston bemerkte den Effekt erstmals 1824.

Die Präsidentenillusion

Sehen Sie genau hin, so werden Sie bemerken, dass es sich nicht um den Ex-US-Präsidenten Bill Clinton und Vizepräsident Al Gore handelt. Clinton ist zwar im Vordergrund korrekt dargestellt, die hintere Figur hat aber sein Gesicht, kombiniert mit Gores Haar und schwarzem Anzug. Dies zeigt, wie wichtig der Kontext bei der Wahrnehmung einer Szene sein kann und welche scheinbar wichtigen Teile problemlos fehlen können.
Auch Haaransatz und Kopfbreite sind bei der Erkennung von Gesichtern wichtig. Diese Illusion funktioniert am besten bei Leuten, die das Team Clinton/Gore gut kennen. Pawan Sinha, MIT-Sehforscher, schuf diese Präsidentenillusion.

Thatcher-Blair-Illusion

Das Bild von Margaret Thatcher wurde mit niedrigen Frequenzen, das von Tony Blair dagegen mit hohen Frequenzen erzeugt. Das Auge zerlegt die sich überlagernden Frequenzen wie eine Fourier-Analyse.
Die Wahrnehmung von Ausdruck, Alter und Geschlecht und die Erkennung eines bestimmten Individuums erfolgt durch sehr unterschiedliche Wahrnehmungsprozesse. Manche Forscher glauben, dass Eigenschaften und Oberflächendetails, die mit hohen Frequenzen einhergehen, zum Beispiel zur Identifizierung einer Person dienen. Niedrigere Frequenzen enthalten Informationen über die Struktur und erfüllen allgemeinere Aufgaben wie die Erkennung des Geschlechts. Wenn Sie schielen, blinzeln oder aus einiger Entfernung auf das Bild schauen, wechseln Sie die Frequenzebene und damit die Wahrnehmung.

Die Thatcher-Blair-Illusion wurde 1998 von den englischen Sehforschern Vicky Bruce und Andrew Young entdeckt und veröffentlicht.

12 EINE FRAGE DES STANDPUNKTS

Unser Seh/Wahrnehmungssystem nimmt an, dass wir Objekte vom einem „generellen" Blickpunkt aus sehen, außer es gibt Hinweise auf das Gegenteil. Das bedeutet, dass ein Standortwechsel die allgemeine Topographie eines Objekts nicht in überraschender Weise verändert. Das Prinzip des generellen Blickwinkels steht in direktem Zusammenhang mit der Gestaltkonstanz bzw. der Tendenz unseres Sehsystems, Objekte trotz Drehung oder Verhüllung stets als gleich zu sehen.

Dieses Kapitel enthält einige der drastischsten Illusionen, die auf Gestaltkonstanz und Mehrdeutigkeit beruhen. Hier sehen Sie Beispiele, in denen Ausrichtungen absichtlich oder zufällig so erfolgt sind, dass Sie das Objekt nicht in seiner wahren Form wahrnehmen. Die Natur ist normalerweise nicht hinterhältig; sie lässt keine Objekte entstehen, die Spalten oder Vorsprünge absichtlich verbergen. Die meisten zufälligen Übereinstimmungen werden durch Bewegung des Objekts oder des Betrachters aufgehoben, sodass es für den Alltag kaum Konsequenzen gibt.

Die Reaktionen auf Illusionen, die durch Bewegung erfolgen, sind im Allgemeinen viel stärker als die auf viele andere überraschende Illusionen. Das weist darauf hin, dass etwas sehr Wesentliches geschieht, wenn die Gestaltkonstanz verletzt wird. Auch wenn diese Beispiele auf Papier präsentiert werden und daher statisch sind, so hoffe ich, dass Sie deren Wirkung erahnen können.

Eine Frau mit zwei Körpern

Zu welchem Körper gehört der Kopf auf dieser nicht retuschierten Aufnahme der ehemaligen amerikanischen First Lady, Lady Bird Johnson?

Die kopflose Pferdefrau

Macht sich die Frau hier zum Esel oder was?

Klavier

Wenn Sie in den Spiegel (links) blicken, sehen Sie die perfekte Reflexion eines Klaviers. Wenn Sie die rechte Bildhälfte betrachten, sehen Sie eine seltsame Konstruktion aus Klavierteilen, deren Reflexion im Spiegel das perfekte Klavier ergibt.

Seltsame Würfel

Die Würfel an der Außenseite dieses Gebäudes wirken in der oberen Abbildung voll (konvex). Wenn Sie die Würfel von der Seite betrachten, erkennen Sie, dass sie in Wirklichkeit hohl sind (konkav).

Jerry Andrus' verrückte Kiste

Was ist falsch an dieser verrückten Kiste? Betrachten Sie sorgfältig die vertikalen Balken. Ist die Konstruktion dieser Kiste möglich? Versuchen Sie herauszufinden, wie diese Kiste konstruiert wurde, bevor Sie die Lösung unten ansehen.

Verrückte Kiste – Lösung

Eine unmögliche Reflexion

Hier sieht man im Spiegel ein mögliches Gebilde, vor dem Spiegel aber ein unmögliches Dreieck. Wie geht das?

Ein merkwürdiger Dreh

Hier ist ein weiteres Beispiel für ein physikalisch unmögliches Dreieck. Auf dem Foto rechts sehen Sie, wie es wirklich konstruiert ist.

Nobs unmögliche Leiste

Dies ist ein weiteres Beispiel für ein unmögliches Objekt, das nur von einem einzigen Blickwinkel aus funktioniert. Betrachten Sie den Verlauf der Leiste. Der Junge sitzt auf der Oberseite der Kante, doch wo sitzt das Mädchen im Verhältnis zur Leiste? Ergibt diese Konstruktion einen Sinn?

A

Morettis unmögliche wandelbare Blocks

Foto A: Von diesem Blickwinkel aus sehen Sie am oberen Ende drei vertikal ausgerichtete Vierecke, die irgendwie in zwei vertikal ausgerichtete Vierecke am unteren Ende übergehen. Sie können durch die Skulptur hindurch den blauen Hintergrund sehen.

C

B

Foto B: Drehen Sie die Skulptur um 90°. Sie sehen mehrere horizontal ausgerichtete unmögliche Vierecke. Auch hier können Sie durch die Skulptur den blauen Hintergrund sehen.

Foto C: In der dritten Ansicht sehen Sie die Skulptur aus einem Blickwinkel, der zwischen den beiden vorigen liegt. Diese bemerkenswerte unmögliche wandelbare Skulptur schuf der italienische Künstler Guido Moretti.

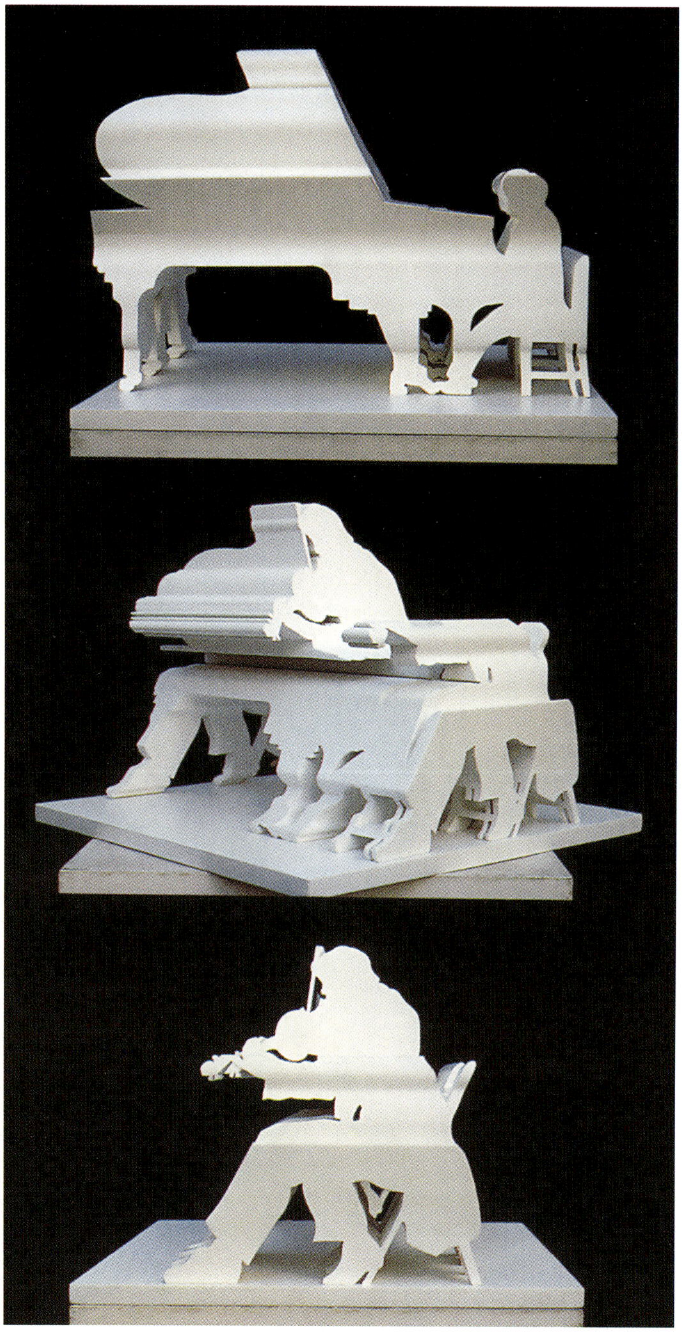

Duett

Von einer Seite aus gesehen, stellt die Skulptur einen Pianisten dar. Wenn man sie um 90° dreht, sieht man einen Geiger. Das mittlere Foto zeigt einen Blickwinkel, in dem Sie sehen können, wie sich der Pianist in den Geiger verwandelt.

EINE FRAGE DES STANDPUNKTS
Was passiert hier?

Eine Frau mit zwei Körpern
Der Kopf gehört zum rechten Körper. Meistens gibt es bei der Wahrnehmung keine Unterschiede zwischen Frauen und Männern. Dies ist eines der wenigen Beispiele, wo westliche Frauen besser abschneiden als Männer, wenn sie den Kopf dem richtigen Körper zuordnen sollen. In diesem Fall berücksichtigen sie zum Beispiel die Mode, etwa zu welchem Kleid der Hut passt.

Klavier
Nur von einem ganz bestimmten Blickpunkt aus sieht die Reflexion des Klaviers im Spiegel perfekt aus. Nur aus diesem Winkel schließen die Einzelteile denselben Sehwinkel ein wie ein korrekt gebautes Klavier, daher sehen Sie eines. Auf der rechten Seite sehen Sie die Konstruktion aus einem anderen Blickwinkel und ihr wahrer Aufbau wird enthüllt. Dies zeigt auf drastische Weise, dass eine unendliche Vielfalt an Formen das gleiche Abbild auf der Netzhaut erzeugen kann. Das verzerrte Klavier stammt vom japanischen Illusionskünstler Shigeo Fukuda.

Seltsame Würfel
Die Innenseiten der Würfel wurden so angemalt, dass sie wie Außenseiten aussehen. Unter bestimmten Lichtverhältnissen kann es für Ihr Sehsystem fraglich sein, ob etwas konkav oder konvex ist. Auch hier gibt es einen Winkel, wo der Sehwinkel der konkaven (hohlen) Würfel mit denen der konvexen (vollen) Würfel übereinstimmt. Wenn wir uns ganz nach rechts begeben, setzen sich die Strukturhinweise über die Lichthinweise hinweg und es wird offensichtlich, dass die Würfel hohl sind. Es gibt eine weitere interessante Illusion an den Würfeln: Sie scheinen Ihnen zu folgen, wenn Sie an ihnen vorüber gehen, obwohl sie stationär bleiben. Populär wurden solche Illusionen durch umgekehrte Masken, die einem vorübergehenden Betrachter überallhin zu folgen scheinen. Diese Scheinbewegung wird durch eine Umkehrung der Bewegungsparallaxe verursacht. Die Bewegungsparallaxe ist das, was passiert, wenn sie an Objekten in unterschiedlicher Distanz vorübergehen. Sie tritt zum Beispiel auf, wenn Sie aus dem Seitenfenster eines fahrenden Autos blicken. Objekte im Hintergrund bewegen sich scheinbar langsam im Verhältnis zu Objekten im Vordergrund. Außerdem bewegen sich die Objekte entgegengesetzt zu Ihrer Fahrtrichtung. In diesen umgekehrten Perspektivenillusionen, in denen ein Objekt unterschiedliche Distanzen aufweist, wird der physikalisch entfernteste Teil des Objektes als nähester wahrgenommen, der physikalisch näheste als entferntester. Diese Umkehrung in der Wahrnehmung führt zu einer Umkehrung in der wahrgenommenen Bewegungsparallaxe, sodass sich das Objekt scheinbar in Ihre Fahrtrichtung bewegt, was ziemlich seltsam aussieht.

Der Mann neben den Würfeln ist der amerikanische Magier James „The Amazing" Randi.

Die verrückte Kiste
Hier wird die wahre Konstruktion der verrückten Kiste enthüllt. Ursprünglich erschien die verrückte Kiste 1981 in einem Artikel über die Originalillusionen des Magiers Jerry Andrus im Magazin Omni. Die Leser wurden aufgefordert, herauszufinden, wie Andrus seine Kiste konstruiert hatte; doch nur etwa ein Drittel der Einsender kam auf die richtige Lösung. Natürlich gibt es unzählige Arten, so eine unmögliche Kiste zu bauen. Es gibt bereits eine lange Tradition, unmögliche Objekt auf diese Art zu bauen, bei der die Konstruktion aus einem bestimmten Blickwinkel unmöglich aussieht.

Eine unmögliche Reflexion
Die wahre Konstruktion des Dreiecks sieht man im Spiegel. Sogar angesichts der korrekten Konstruktion im Spiegel wird Ihr Gehirn die scheinbar unmögliche Konstruktion, die wir vor dem Spiegel sehen, nicht zurückweisen. Dieses unmögliche Dreieck stammt von Bruno Ernst, der viel zur Beliebtheit unmöglicher Figuren und Objekte beitrug.

Ein seltsamer Dreh
Bei diesem Objekt erzeugt der Sehwinkel der gebogenen Linien auf der Netzhaut dasselbe Bild wie gerade Linien. Denken Sie daran, dass gerade Linien von einer Unzahl von Konfigurationen auf die Netzhaut projiziert werden können, einschließlich gebogener Linien, die aus einem bestimmten Winkel eben gerade aussehen. Wenn es keine schlagenden Beweise für das Gegenteil gibt, nimmt unser visuelles System an, dass gerade Linien auf der Netzhaut von physikalisch geraden Linien projiziert werden. Wenn Sie dieses Objekt umrunden, werden Sie wirklich überrascht sein, weil es sich nicht gemäß Ihrer Erfahrung von Gestaltkonstanz verändert.

Nobs unmögliche Leiste
Diese wunderbare unmögliche Leiste schuf der japanische Rätselerfinder Nob Yoshigahara. Wie alle diese unmöglichen Konstruktionen funktioniert auch diese nur von einem bestimmten Blickwinkel aus.

Morettis unmögliche wandelbare Blocks
Morettis unmögliche Blocks bieten dem Betrachter, abgesehen von ihrer scheinbar paradoxen Struktur, eine neue Art von Überraschung. Sie verletzen dessen Erfahrung von Gestaltkonstanz; das ist die Neigung des Wahrnehmungssystems, die wahre Gestalt eines Objekts unverändert wahrzunehmen, während man es aus verschiedenen Blickwinkeln sieht. Die Erfahrung bestimmt, wie sich ein Objekt verändern sollte, wenn Sie es umrunden. Wenn Sie Foto A betrachten, sehen Sie vertikal ausgerichtete, durchsichtige Vierecke. Deren Umrisse verbergen geschickt die Struktur, die wir in Foto B sehen. Normalerweise begegnen wir solch „heimtückischen" Strukturen in der Natur nicht, weshalb wir die Fotos A und B für nicht „generelle" Blickwinkel halten. Durch das Verbergen verändern sich Morettis Blocks radikal – vertikal ausgerichtete Objekte werden zu horizontal ausgerichteten. Als Inspiration für diese Skulptur dienten die unmöglichen Grafikdesigns des schwedischen Künstlers Oscar Reutersvärd.

Duett
Die Skulptur besteht aus zwei Silhouetten (Pianist und Geiger), die im rechten Winkel zueinander stehen. Tatsächlich kann man unendlich viele solche Silhouettenskulpturen erschaffen, indem man einfach nur sorgfältig zwei verschiedene Silhouetten im Winkel von 90° aus einem Block schneidet. Es gab auch schon Beispiele mit drei Silhouetten, wo sich die dritte Figur an der Oberseite befindet. Dieses wunderbare Werk erschuf der bekannte japanische Künstler Shigeo Fukuda 1976 und nannte es „Encore" („Zugabe").

13 KOPFÜBER-ILLUSIONEN

Wir leben in einer aufrechten Welt und sehen die Welt aufrecht, obwohl das Bild, das auf die Netzhaut trifft, nicht nur verkehrt herum steht, sondern auch rechts-links-verdreht ist. Wenn Sie den Kopf neigen, bleibt die Welt stabil. Ihr Sehsystem gleicht Kopfneigung, Augenbewegungen etc. geschickt aus. Es liefert ein stabiles, aufrechtes Bild der Welt. Doch den Kopf zu neigen und ein Bild zu neigen ist nicht ganz dasselbe.

In diesem Kapitel betrachten wir einige amüsante Bilder, die sekundäre Interpretationen beinhalten, abhängig von der Ausrichtung des Bildes. Manche davon bekommen die neue Bedeutung, wenn sie umgedreht werden, manche bereits, wenn man sie nur ein wenig dreht. Gesichter waren stets das beliebteste Thema von Umkehrbildern.

Keiner weiß, wann die ersten Umkehrbilder entstanden sind, doch auf Münzen wurden sie während der Reformation populär. Diese ersten Kopfüber-Illusionen enthielten versteckte politische und religiöse Stellungnahmen. Im 19. Jahrhundert gewannen sie eine unterhaltsamere Seite dazu und tauchten in Werbungen und auf Rätselkarten auf.

1948 verhalf der Künstler Rex Whistler Kopfüber-Illusionen durch sein Buch mit dem Titel „OHO!" zu neuer Popularität. Das Buch hatte weder Titelseite noch Rückseite – oder vielleicht eher zwei von beidem. Im Lauf der Jahre brachten unzählige Künstler und Karikaturisten Bücher mit Umkehrbildern heraus, die meisten davon für Kinder.

Die andere Seite der Münze

Wir wissen nicht, wer die ersten Kopfüber-Bilder erschaffen hat, doch sie dürften zunächst als politische oder theologische Statements auf Münzen während der Reformation im 16. Jahrhundert aufgetreten sein. Diese Münze aus der Zeit nach 1530 ist das früheste mir bekannte Beispiel. Sie zeigt den Kopf des damaligen Papstes, der sich, wenn man die Münze dreht, in den Teufel verwandelt. Im 16. Jahrhundert waren diese Münzen sehr beliebt.

Der Gemüsegärtner

Sehen Sie eine Schale mit Gemüse oder das Gesicht eines Mannes?

Ein paar französische Köpfe

Dies sind Beispiele für französische Umkehrbilder aus dem frühen 19. Jahrhundert.

Werbezeit und Ehestand

Dieses harte Urteil zur Institution der Ehe zirkulierte im Vereinigten Königreich in der zweiten Hälfte des 19. Jahrhunderts. Die Frauen sind glücklich in der „Werbezeit", wenn sie umworben werden, jedoch unglücklich in der Ehe.

Der verlorene Jockey

Der Jockey scheint von seinem Pferd gefallen zu sein. Finden Sie ihn? Dieses Bild erschien auf einer Rätselkarte aus dem Jahr 1888.

Kapitän des Schiffes

Die Mannschaft scheint ihren Kapitän verloren zu haben. Finden Sie ihn?

Polizist

Wenn Sie diesen Polizisten auf den Kopf stellen, wird er ziemlich überrascht sein. Dies Porträt stammt von Rex Whistler.

Little Lady Lovekins und Old Man Muffaroo

Dies ist ein Einzelbild aus einer Serie von Kopfüber-Kindercomics von Gustave Verbeek, die 1903 im New York Herald *veröffentlicht wurden. Der* New York Herald *druckte die 60 Kopfüber-Geschichten von Verbeek jeweils am Sonntag in einem Zeitraum von zwei Jahren. Manche dieser Geschichten handelten von Little Lady Lovekins und Old Man Muffaroo – wenn man die eine Figur umdrehte, verwandelte sie sich in die andere.*

Fröhlich wird bedrückt

In einem Moment sind sie glücklich, im nächsten Moment traurig. Sie können ihre Stimmung verändern, indem Sie das Bild drehen. Es stammt von Roger Shepard.

Jastrows Ente/Hase-Illusion

Dies ist eine der berühmtesten und klassischsten Illusionen, die es gibt. Der amerikanische Psychologe Joseph Jastrow schuf sie 1888. Je nachdem, wie Sie das Bild betrachten, sehen Sie entweder einen Hasen oder eine Ente.

Hommage an M. C. Escher

Dieses Bild enthält mehrere mosaikartige Porträts des holländischen Zeichenkünstlers M. C. Escher. Wenn Sie das Bild umdrehen, stimmt es noch immer. Der amerikanische Künstler schuf dieses Kopfüber-Mosaik als Hommage an Escher, der selbst wiederum für seine zusammengesetzten Bilder berühmt war.

Der fehlende Clown

Können Sie in dieser Abbildung von Larry Kettlekamp den Clown finden?

KOPFÜBER-ILLUSIONEN Was passiert hier?

Die andere Seite der Münze

Wir wissen nicht, wer die ersten Kopfüber-Bilder erschaffen hat, doch sie dürften zunächst als politische oder theologische Statements auf Münzen während der Reformation im 16. Jahrhundert aufgetreten sein. Diese Münze aus der Zeit nach 1530 ist das früheste mir bekannte Beispiel. Sie zeigt den damaligen Papst, der sich, wenn man die Münze dreht, in den Teufel verwandelt. Diese Münzen waren im 16. Jahrhundert sehr beliebt.

Der Gemüsegärtner

Drehen Sie das Bild um, um das Porträt zu sehen. Der italienische Künstler Giuseppe Arcimboldo war im 16. Jahrhundert für seine Porträts aus seltsamen Gegenständen berühmt. Im Kapitel über zusammengesetzte Bilder gibt es mehrere Beispiele dazu. Den „Gemüsegärtner" malte Arcimboldo im Jahr 1590.

Ein paar französische Köpfe

Dies sind Beispiele für französische Umkehrbilder aus dem frühen 19. Jahrhundert.

Der verlorene Jockey

Drehen Sie das Bild um 90° im Uhrzeigersinn.

Kapitän des Schiffes

Drehen Sie das Bild um 90° im Uhrzeigersinn. Es erschien 1888 auf einer Rätselkarte.

Der fehlende Clown

Drehen Sie das Bild um 90° gegen den Uhrzeigersinn.

14 ANAMORPHOSEN und TROMPE L'OEIL

Bei einer Anamorphose wird ein Bild so stark verzerrt, dass man es nur noch von einem einzigen Blickpunkt aus oder durch seine Reflexion auf einer spiegelnden Oberfläche erkennen kann. Am häufigsten sind zylinderförmige Spiegel, aber auch Kegel und Pyramiden werden verwendet. Auf das überraschende Erscheinen der nicht verzerrten Reflexion reagiert man meist mit Verwunderung und Freude.

Leonardo da Vinci war der Erste, der mit anamorpher Perspektive experimentierte. In der Renaissance machten Künstler bei der Darstellung von Perspektive große Fortschritte und perfektionierten die Techniken der Dehnung und Verzerrung. Anamorphe Bilder wurden überaus beliebt und stellten eine ideale Möglichkeit dar, gefährliche politische Äußerungen, häretische Ideen und sogar erotische Bilder zu verschleiern. Im 19. Jahrhundert, als Farbdrucke billig wurden, blühte die Methode als Spiel in den Salons auf. Im 20. Jahrhundert schuf der spanische Surrealist Salvador Dalí anamorphe Bilder und brachte die Technik auf ein neues Niveau. Er verzerrte ein Bild so, dass es eine völlig andere Bedeutung bekam als die im Spiegel sichtbare.

Indirekte Anamorphose ist eng verwandt mit einer künstlerischen Technik, die Trompe l'oeil (oder „Augentäuschung") genannt wird. Beide benutzen Perspektivenkonstrukte, um ein „Trickbild" zu schaffen, doch der Unterschied liegt in der Art des Tricks. Bei einer Anamorphose wird dem Betrachter etwas präsentiert, das bei konventioneller Betrachtung keinen Sinn ergibt; daher muss man den unkonventionellen Blickpunkt suchen, von dem aus sich die Lösung offenbart. Bei Trompe l'oeil wird dem Betrachter, der an einem bestimmten Platz steht, ein künstliches Bild als Realität vorgegaukelt. Dahinter steht die Vorstellung, eine flache Oberfläche so dreidimensional und realistisch wie möglich zu gestalten.

Leonardos Auge

Diese anamorphe Zeichnung Leonardo da Vincis aus dem Jahr 1485 ist das älteste bekannte Beispiel für eine Anamorphose. Auch wenn zu dieser Zeichnung keine Notizen gefunden wurden, bezieht sich Da Vinci in seiner Abhandlung über die Malerei auf die Methode des anamorphen Zeichnens, was den ältesten solchen Vermerk darstellt.

Holbeins mysteriöser Totenkopf

Hier ist ein Totenkopf verborgen. Finden Sie heraus, wie Sie ihn unverzerrt sehen!

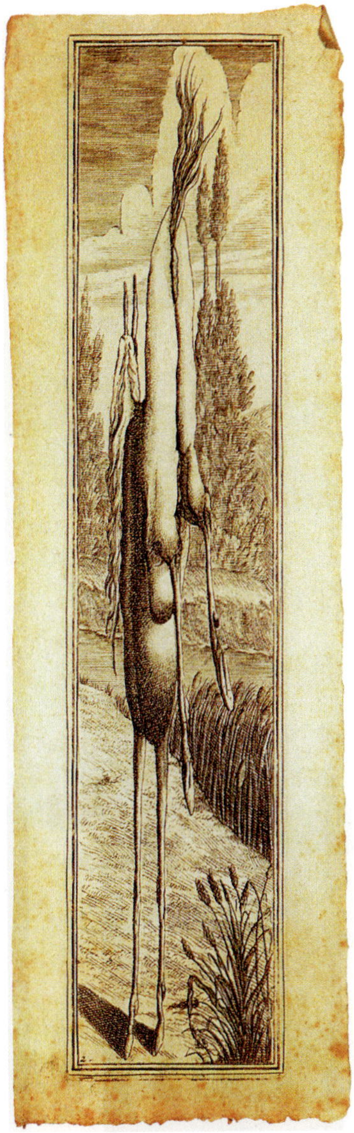

Die letzte Dehnung

Neigen Sie das Buch und halten Sie es im rechten Winkel knapp unterhalb Ihrer Augen an Ihr Gesicht. Das Pferd sollte nicht mehr verzerrt aussehen. Diese anamorphe Zeichnung stammt aus dem frühen 18. Jahrhundert.

Den Kopf anstrengen

Neigen Sie das Buch und halten Sie es im rechten Winkel knapp unterhalb Ihrer Augen an Ihr Gesicht. Die Gesichter sollten nicht mehr verzerrt aussehen. Diese anamorphe Zeichnung stammt aus dem 18. Jahrhundert.

Dalís Anamorphose

Im Bild ohne den Zylinder sehen Sie Schmetterlinge. Betrachten Sie die Reflexion des Bildes im Zylinder, dann verwandeln sich die Schmetterlinge in Pferde und Reiter. Diese Anamorphose schuf der spanische Surrealist Salvador Dalí.

Das mysteriöse Erscheinen des Porträts von Jules Verne

Diese Schiffbrüchigenszene im eisigen Norden basiert auf dem Roman Die geheimnisvolle Insel *von Jules Verne, dem berühmten Sciencefiction-Autor aus dem 19. Jahrhundert. Finden Sie das Porträt von Jules Verne? Sie müssen die Reflexion auf dem Zylinder betrachten, der über dem Mond aufgestellt wurde.*

Homer am Strand

Hier sehen Sie eine Homer-Büste in der Reflexion auf dem zylindrischen Spiegel. Diese Anamorphose stammt vom ungarischen Künstler Istvan Orosz.

Eine anamorphe Hommage an Da Vinci

In diesem Gemälde des holländischen Künstlers Hans Hamngren ist das Quadrat in der Mitte leer. Wenn ein pyramidenförmiger Spiegel auf das Quadrat gestellt wird und Sie senkrecht nach unten blicken (wie hier gezeigt), sehen Sie das Porträt von Leonardo da Vinci, der das erste bekannte anamorphe Bild schuf.

Eine anamorphe Hommage an Dalí

Dieses Gemälde weist in der Mitte einen leeren Kreis auf. Nur wenn ein kegelförmiger Spiegel auf diesen Kreis gestellt wird und Sie von oben auf den Kegelspitz blicken, sehen Sie das Porträt des surrealistischen spanischen Malers Salvador Dalí. Diese anamorphe Hommage schuf der holländische Künstler Hans Hamngren.

Eine anamorphe Hommage an Van Gogh

An der senkrechten Wand hängt ein Spiegel, in dem sich Van Goghs berühmtes Sonnenblumengemälde spiegelt. Auf dem Tisch liegt eine verzerrte, dreidimensionale Skulptur von Van Goghs berühmtem Bild. Diese anamorphe Skulptur stammt vom japanischen Künstler Shigeo Fukuda.

Die großartige Kuppel von San Ignazio

Diese Decke scheint sich majestätisch gen Himmel zu recken, doch in Wahrheit ist sie völlig flach.

Können Sie diese Violine spielen?

Diese Violine wirkt sehr echt, doch sie ist ebenso flach wie die Tür, an der sie hängt. Sogar die Vertiefungen an der Tür sind gemalt.

Gebäude mit nur einer Aussicht

Ein typisches Gebäude in New York, oder nicht?

ANAMORPHOSEN und TROMPE L'OEIL

Was passiert hier?

Holbeins mysteriöser Totenkopf

Die Gesandten, ein Gemälde des deutschen Künstlers Hans Holbein aus dem Jahr 1533, ist ohne Zweifel das berühmteste Beispiel eines anamorphen Gemäldes. Im unteren Teil des Bildes befindet sich eine seltsame Form, die bei einem bestimmten Winkel zum Totenkopf wird. Das Gemälde hing ursprünglich in einem Treppenhaus, sodass der Totenkopf von unten links zu sehen gewesen sein könnte.

Obwohl anamorphe Bilder als „Tricks" seit der Zeit von Leonardo da Vinci eingesetzt wurden, waren es begnadete Maler wie Holbein, die die Technik nicht nur populär machten, sondern sie auf intellektuelle Weise einsetzten.

Obwohl es unzählige Erklärungen für die symbolische Präsenz des Totenkopfes gibt, einschließlich einer Anspielung auf den Namen des Künstlers, „hohles Bein", sind die Gründe für seine Integration in diesem Bild nach wie vor unklar.

Interessanterweise wurde dieses seltsame Gemälde bis 1873 nie als Anamorphose erwähnt – mehr als 300 Jahre nach seiner Entstehung.

Das mysteriöse Erscheinen des Porträts von Jules Verne

Dies ist ein wunderbares Beispiel für einen anamorphen Stich, in dem ein Bild im Hauptbild versteckt wurde, das nur aus einem bestimmten Winkel oder in einer Reflexion sichtbar wird. Damit hob der ungarische Künstler Istvan Orosz diese Kunstform auf ein neues Niveau. Zuvor verzerrten Künstler ein Bild einfach so, dass es in einem korrekt aufgestellten, reflektierenden Zylinder enthüllt würde. Das Bild selbst sah bloß verzerrt aus. Orosz brachte es zuwege, das Bild geschickt in einer Gesamtszene zu verbergen, die auch ohne Zylinder Bedeutung hatte.

Wie schuf er dieses Bild? Zuerst zeichnete er das Porträt. Dann übertrug er es auf ein anamorphes Gitter, das der Reflexion im Spiegel in einem 1:1-Verhältnis entsprach. Dann „vergrub" er das Porträt in einer größeren Darstellung.

Die großartige Kuppel von San Ignazio

Es steht außer Frage, dass das spektakuläre Werk des italienischen Künstlers Andrea Pozzo in der Kirche des heiligen Ignatius von Loyola in Rom, entstanden im 17. Jahrhundert, den Höhepunkt des Trompe l'oeil darstellt. Als die Kirche gebaut werden sollte, sollte sie eine hohe gewölbte Decke bekommen, doch die benachbarten Dominikanermönche wehrten sich dagegen, weil dieser Dom ihrer Bibliothek das Licht nehmen würde. So wurde Pozzo beauftragt, eine hohe Wölbung auf einer flachen Oberfläche zu erschaffen. Doch diese geniale Lösung hat ihre Nachteile. Wenn man nicht auf den korrekten Plätzen steht (und davon gibt es nur zwei in der sehr großen Kirche), löst sich die Illusion auf. Obwohl viele seiner Zeitgenossen von der Illusion fasziniert waren, kritisierten Architekten Pozzo heftig wegen der „Konstruktion" der gemalten Architektur. Pozzo antwortete, dass einer seiner Freunde für „alle Schäden und Kosten" aufkommen würde, sollte der Dom jemals zusammenbrechen!

Gebäude mit nur einer Aussicht

Wenn Sie das große mit dem kleinen Foto vergleichen, werden Sie erkennen, dass eine Seite des Gebäudes fast vollständig gemalt ist, mit Ausnahme von zwei Fenstern. Der Künstler, Richard Haas, nannte sein Werk „112 Prince Street Façade". Beachten Sie, dass die Malerei geöffnete Fenster, herabgezogene Jalousien und sogar Klimaanlagen (mitsamt Schatten) enthält.

15 NATÜRLICHE ILLUSIONEN

Es gibt viele natürliche Illusionen. Wenn Sie wissen, wie Sie danach suchen müssen, werden Sie sie fast überall finden. Vielleicht ist ihre Allgegenwärtigkeit auch der Grund, warum sie mehr als eingehend studiert und diskutiert worden sind.

Regenbogen und das als „Heiligenschein" bekannte Phänomen sind Beispiele für natürliche Illusionen, die Verwunderung, Bewunderung und religiöse Ehrfurcht ausgelöst haben. Die Mond-Illusion hat zu Jahrzehnte langen wissenschaftlichen Kontroversen geführt. Extreme Illusionen sind etwa „Antischwerkrafthügel" und das Gesicht auf dem Mars, zu denen eine ganze Industrie an verrückten Theorien hervorgebracht wurde.

Die Mond-Illusion

Die Mond-Illusion ist eine der berühmtesten und umstrittensten natürlichen Illusionen. Der Vollmond erscheint knapp über dem Horizont etwa eineinhalb Mal so groß wie wenn er hoch über dem Horizont steht. Der tatsächliche Größenwinkel des Mondes verändert sich zwischen den beiden Örtlichkeiten nicht. Dieses konstruierte Foto zeigt die relative Größe des Mondes am Horizont und im Zenit so, wie ein Betrachter sie sehen würde. Interessanterweise kann der Effekt nicht auf Film gebannt werden. Man kann ihn nur in der Natur wahrnehmen.

Die schönste Illusion der Natur

Der Regenbogen ist die schönste natürliche Illusion. Diese Aufnahme ist unverändert: Wie brachte der Fotograf dieses Foto eines Regenbogens über dem griechischen Parthenontempel zu Stande? War es bloß Glück oder etwas anderes?

Hoffentlich sind Sie nicht durstig

Eine ebenfalls berühmte natürliche Illusion ist die Luftspiegelung, die den Eindruck einer Wasseroberfläche knapp oberhalb des Bodens erzeugt.

Bergauf gegen die Schwerkraft

Geht es hier bergab oder bergauf?

Sonnenstrahlen

Wie stark zerstreuen sich die Strahlen der Sonne tatsächlich?

Die Engelserscheinung

Wer ist dieser Engel?

Sie verfolgen mich!

Viele Menschen sahen bewegliche Sterne, die ihren Autos zu folgen schienen wie außerirdische Flugobjekte, die zur Kolonialisierung auf die Erde gekommen waren oder sie als Sexsklaven gefangen nehmen wollten. Sahen sie wirklich Außerirdische?

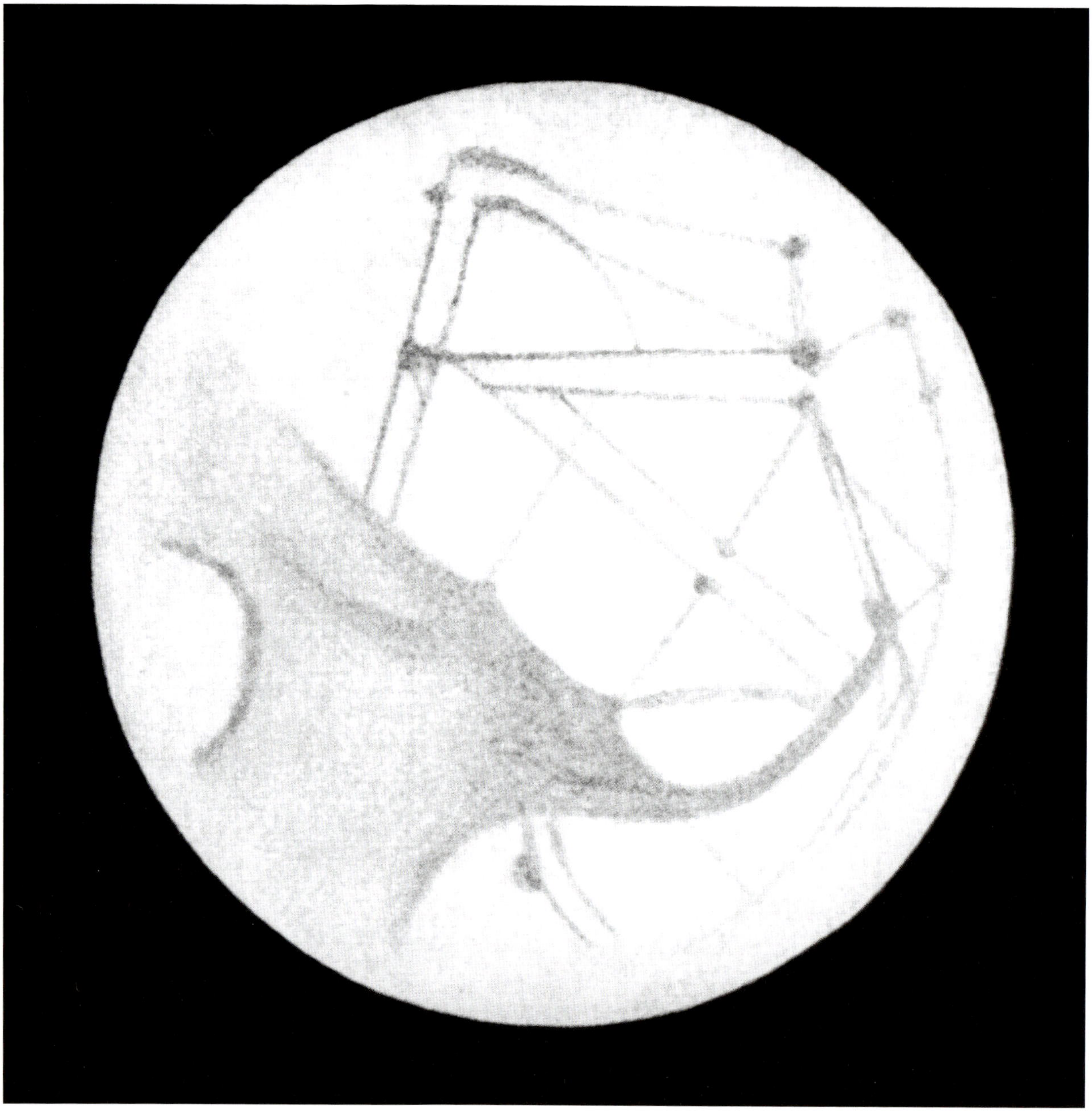

Die Kanäle auf dem Mars

Dies ist eine der ersten Karten der Marsoberfläche, angefertigt von einem ausgezeichneten amerikanischen Astronomen, der behauptete, diese Kanäle wären Beweise für die Existenz von intelligentem Leben auf dem Mars.

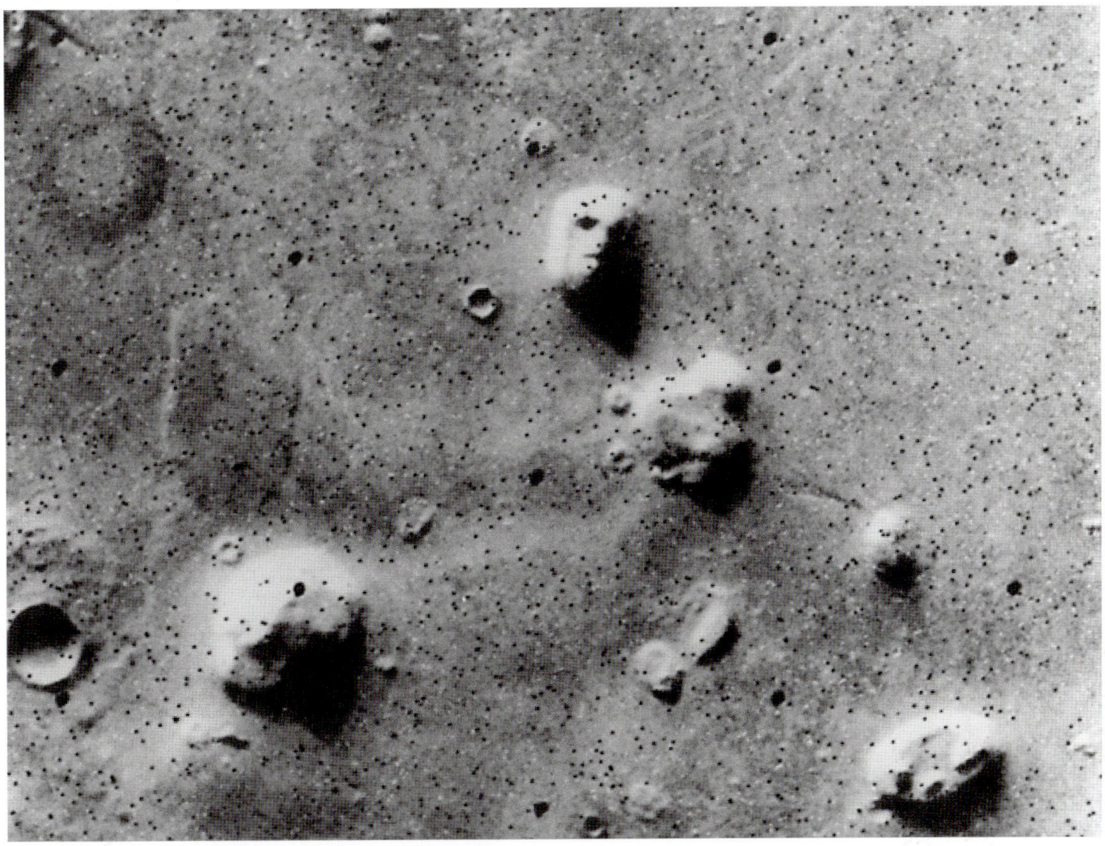

Das Gesicht auf dem Mars

Diese NASA-Fotografie von der Marsoberfläche, die an dieser Stelle einem Gesicht ähnelt, löste eine weltweise Kontroverse über die mögliche Entdeckung von intelligentem Leben auf dem Mars aus.

Das Antlitz des Berges bezwingen

Dieses Foto gibt der Redewendung „das Antlitz des Berges bezwingen" eine neue Bedeutung. Dieses Steingesicht ist als „Der alte Mann auf dem Berg" bekannt und war eine berühmte Touristenattraktion in New Hampshire, bevor es 2003 zusammenbrach.

Die Mond-Illusion
Es wurde heftig darüber gestritten, was den Effekt auslöst, und es gibt viele Erklärungen dafür, warum die Mond-Illusion auftritt. Es dürfte aber Übereinstimmung darüber bestehen, dass es sich nicht um einen atmosphärischen Effekt handelt.

Es ist schwierig, die Mond-Illuson in einer künstlichen Umgebung zu erzielen. Im Planetarium funktioniert sie gar nicht. Auch eine Doppelbelichtung mit dem Mond über dem Horizont und im Zenit bringt sie nicht hervor. Zwei getrennte Aufnahmen dieser Positionen können die Illusion auch nicht einfangen. Also scheint sie nur in natürlicher Umgebung aufzutreten, anders als viele Größen/Distanz-Illusionen, die zeichnerisch oder fotografisch reproduziert werden können.

Wenn sich Objekte vor einem perspektivischen Hintergrund entfernen, wird normalerweise nicht nur ihr Sehwinkel kleiner, sie nähern sich auch dem Sehhorizont. Der Mond verändert seinen Sehwinkel kaum, weil er so weit entfernt von uns ist (etwa zwei Prozent), wenn er über den Himmel wandert. Doch Ihr Eindruck von seiner Größe ändert sich. Das liegt daran, dass Ihr Gehirn das Bild aufgrund von visuellen Hinweisen interpretiert, die es benützt, um Größe und Entfernung von nahen Objekten – etwa zwischen Sehhorizont und Ihnen – einzuschätzen.

Die schönste Illusion der Natur
Der Fotograf wusste, dass es keinen definitiven Ort für einen Regenbogen gibt, nur seine Position im Verhältnis zu Sonne und Regen. Also positionierte er sich so, dass der Regenbogen exakt über dem Tempel enden würde.

Hoffentlich sind Sie nicht durstig
Eine Luftspiegelung entsteht durch die Brechung des Lichts, wenn es in eine warme Luftschicht dringt, die über einem heißen Boden liegt, was als Temperaturumkehr bekannt ist.

In Wüsten können Luftspiegelungen wie ein entfernter See oder eine andere große Wasserfläche erscheinen; dies ist in Wirklichkeit ein Abbild des Himmels, das von der warmen Luft über dem Sand gebrochen wird. Auf asphaltierten Straßen sehen Luftspiegelungen oft wie Wasserpfützen in großer Entfernung aus.

Bergauf gegen die Schwerkraft
Dies ist eine bemerkenswerte natürliche Illusion, die man überall auf der Welt findet; viele solcher Orte wurden zu Touristenattraktionen für Leute, die die „geheimnisvollen Kräfte" erleben wollen, durch die ihr Auto bergauf rollt. Natürlich gibt es unzählige unwissenschaftliche Erklärungen und Theorien: Gebiete mit Schwerkraftanomalien, antike indianische Grabstätten, UFO-Landeplätze, magnetische Konzentrationen usw. In Wahrheit ist der Effekt eine mächtige optische Illusion, die einem irreführenden Horizont zuzuschreiben ist. Es handelt sich um dieselbe Illusion, die man in schiefen „Antischwerkrafthäusern" diverser Touristenattraktionen findet; sie wird im Kapitel über architektonische Illusionen besprochen.

Sonnenstrahlen
Die Strahlen der Sonne sind in Wahrheit parallel. Die scheinen aufgrund perspektivischer Effekte zusammenzulaufen, ähnlich wie Schienen in der Entfernung zusammenzulaufen scheinen.

Die Engelserscheinung
Die Engelserscheinung, auch bekannt als Brocken-Spektrum, erscheint manchmal auf Berggipfeln, wenn Sie durch die Wolkenschleier brechen. Die Erscheinung bewegt sich mit Ihnen mit und ist klarerweise eine vergrößerte Projektion Ihrer selbst. Über Ihrem Kopf erscheint ein Heiligenschein. Zweifellos ließ die Erscheinung viele Mönche glauben, dass sie beim Besteigen eines Gipfels eine göttliche Erscheinung hatten.

Sie verfolgen mich!
Tatsächlich bewegt sich der Stern nicht mit Ihnen mit. Es handelt sich um einen Fall von Bewegungsparallaxe. Nahe Objekte bewegen sich schneller vorbei, ferne Objekte langsamer. Mond und Sterne sind so weit entfernt, dass sich ihre Position relativ zu Ihren Augen kaum verändert. Tatsächlich scheinen sie sich mit Ihnen mitzubewegen. Wenn Sie aus dem Seitenfenster blicken, wird auch der Mond Sie scheinbar verfolgen.

Die Kanäle auf dem Mars
Der italienische Astronom Secci berichtete 1858 erstmals über die Existenz von „Marskanälen". Das führte in wissenschaftlichen und religiösen Kreisen zu einer großen Debatte über die Frage, ob die Kanäle intelligenten Ursprungs waren.

Diese Kanäle waren nur knapp mit bloßem Auge erkennbar, an der Grenze, wo das Gehirn den Augen manchmal etwas vorgaukelt. Für die damalige Fotografie waren die Kanäle zu blass. Als man Raumschiffe zum Mars entsandte, hofften Experten herauszufinden, was die Kanäle wirklich waren. Stattdessen fanden sie gar keine, nicht einmal gerade Linien. Ab und zu stimmte ein Landschaftsmerkmal mit einem oder zwei Kanälen überein, etwa Teile des Valles Marineris. Die meisten Kanäle existierten überhaupt nicht: eine erstaunliche, ansteckende Selbsttäuschung.

Letztlich erwies sich diese optische Täuschung als Segen. Sie führte zu weitaus detaillierteren Studien aller Planeten, fachte die Wissbegierde an und beförderte die Karriere eines der ausgezeichnetsten Köpfe in der Astronomie.

Das Gesicht auf dem Mars
Um das „Gesicht auf dem Mars" ist eine ziemlich beachtliche Gerüchteküche entstanden, über das mehrere Bücher geschrieben, Rundschreiben veröffentlicht, Präsentationen und Pressekonferenzen abgehalten sowie natürlich Berichte in der Boulevardpresse abgedruckt wurden. Die Grundannahme war, dass diese Geländeformation künstlich war und uns eine Botschaft von Außerirdischen übermittelte.

Es gibt niemanden in der wissenschaftlichen Gemeinschaft, der das ernst nimmt, da diese Landschaftsmerkmale rein zufällig und unserer Neigung zuzuschreiben sind, in solchen Mustern Gesichter zu sehen. Wissenschafter glauben, dass es sich einfach um ein weiteres marsianisches Tafelland handelt, wie sie in der Marsgegend von Cydonia häufig vorkommen, bloß dass dieses Schatten aufweist, die wie ein menschlicher Kopf aussehen. Als das Gebiet bei einer Folgemission mit höherer Auflösung nochmals fotografiert wurde, waren die Gesichtszüge verschwunden und man sah nur noch ein gewöhnliches Tafelland auf dem Mars, nicht unähnlich denen, die man im mittleren Westen der USA findet.

16 ARCHITEKTONISCHE ILLUSIONEN

Illusionen wurden schon seit der Antike absichtlich als architektonische Elemente integriert, meistens um einen Effekt gegen die Auswirkungen der visuellen Verzerrung zu erzielen. Von der Antike an bis in die Renaissance wurde viel mit „Gegenperspektive" und „verstärkter Perspektive" experimentiert. Gegenperspektive soll der natürlichen Perspektive – der Art, wie wir die Welt sehen – entgegenwirken. Die natürliche Perspektive tritt dann auf, wenn sich zum Beispiel ein Säulengang vom Betrachter weg erstreckt. Die Säulen scheinen kürzer zu werden und enger zusammen zu stehen, je mehr sie sich dem Fluchtpunkt nähern. Um eine gegenperspektivische Illusion zu erzeugen, werden die Säulen nach hinten zu immer höher gebaut und die Abstände zwischen ihnen vergrößert, sodass sie von einem fixen Blickpunkt aus (der gesteuert werden muss) scheinbar dieselbe Höhe und Entfernung zueinander aufweisen.

Das berühmteste Beispiel für eine architektonische Illusion ist das Kronjuwel der antiken griechischen Baukunst, der Parthenon, erbaut im 5. Jahrhundert v. Chr. – siehe gegenüberliegende Seite. Natürlich wurden offensichtliche Illusionen in architektonischen Details auch zum Vergnügen und zur Überraschung der Besucher angelegt.

Die größte Illusion der Antike

Der griechische Parthenon ist eines der größten architektonischen Wunder der Welt, doch er birgt auch eine optische Illusion, um der visuellen Verzerrung entgegenzuwirken, die eintreten würde, wenn das Bauwerk wirklich so gebaut wäre, wie man es wahrnimmt.

Die größte Illusion der Renaissance

Giottos herrlicher Glockenturm, erbaut im Jahr 1330 neben dem Dom von Florenz, macht den Eindruck, als hätten alle Stockwerke und Fenster den gleichen Abstand, doch in Wahrheit sind sie ziemlich verzerrt.

A

B

Ein magisches chinesisches Becken

Foto A: Wenn Sie an der rechten Seite des Beckens stehen und nach links blicken, haben Sie den Eindruck, dass das Wasser immer seichter wird.

Foto B: Wenn Sie auf der gegenüberliegenden Seite stehen, wirkt es so, als wäre das linke Ende tief und das rechte seicht. Das steht im Widerspruch zu dem, was Sie oben gesehen haben. Wie ist das möglich?

Der Saint Louis Arch

Der berühmte Saint Louis Arch ist ein Wahrzeichen, das fast jeder kennt, doch allgemein kaum bekannt ist, dass er nicht nur ein architektonisches Meisterwerk darstellt, sondern auch eine optische Täuschung. Können Sie die Illusion benennen?

Ist dieser Balkon sicher?

Wenn Sie das Futura Building in New York von einer Seite betrachten, scheinen die Balkone schräg nach oben geneigt; wenn Sie dieselben Balkone von der anderen Seite betrachten, scheinen sie nach unten zu hängen.

ARCHITEKTONISCHE ILLUSIONEN

Was passiert hier?

Die größte Illusion der Antike

Die Säulen des griechischen Parthenon scheinen rund um das gesamte Gebäude in gleichmäßigen Abständen zu stehen und wirken exakt gerade. Doch wenn der Parthenon ohne Kompensationseffekte gebaut worden wäre, würde er bauchig aussehen und oben zu schwer wirken oder in der Mitte durchzuhängen scheinen. Diese Effekte werden korrigiert, indem jede äußere Säule in der Mitte eine leichte Schwellung (bekannt als „Entasis") aufweist. Außerdem ist der obere Durchmesser jeder Säule etwas kleiner als der an der Basis. Des weiteren stehen die Säulen nicht in gleichen Abständen. In der Nähe der Ecken stehen sie enger zusammen, um die Illusion zu kompensieren, dass sich die Säulen nach außen neigen würden.

Die größte Illusion der Renaissance

Um den Effekten der Perspektive entgegenzuwirken, die auftreten, wenn man den Glockenturm von unten sieht, machte Giotto die vertikalen Ebenen der Fenster immer schmäler, je mehr sie sich den oberen Stockwerken des Doms annäherten.

Ein magisches chinesisches Becken

Das Paradoxon in der Wahrnehmung der Tiefe dieses Beckens ist eine Folge der Brechung des Lichts, wenn es aus dem Wasser austritt. Dadurch sieht der Boden des Beckens gebogen aus. Der Grund weist eine helle Farbe auf, sodass er mehr Licht reflektiert als die Wandflächen, daher sehen wir das hellere Bild. Das funktioniert auf dieselbe Weise wie ein halbdurchsichtiger Spiegel.

Diese Becken befindet sich im Plum-Tempel in Zhaoqing, in der Nähe von Guangzhou in China. Es wurde um 996 n. Chr. erschaffen und versetzt Besucher seit mehr als 1000 Jahren in Erstaunen!

Der Saint Louis Arch

Der Bogen ist genauso hoch wie seine Breite an der Basis, auch wenn es nicht so aussieht.

Ist dieser Balkon sicher?

Dies scheint ein Beispiel für eine unabsichtliche architektonische Illusion zu sein. Sie entstand durch die ungewöhnliche Form der Balkone, die absolut gerade sind. Die Verzerrungen entstehen durch die Perspektive.

Bildnachweis

Copyright-Inhaber sämtlicher Bilder und Texte in diesem Buch sind Al Seckel und IllusionWorks.
Die Inhaber einzelner Copyrights sind nachstehend gelistet.

Ted Adelson, S. 18
Artists Rights Society, S. 16, 84, 86, 146
Paula Bressen, S. 19
Cordon Art, S. 87
Vicky Bruce and Andrew Young, S. 128
Sandro Del Prete, S. 105, 106
Jos De Mey, S. 103, 104
Exploritorium, S. 174
Shigeo Fukuda, S. 9, 151
Hans Hamngren, S. 149, 150
Larry Kettlekamp, S. 140
Akiyoshi Kitaoka, S. 53, 54, 55, 56, 57, 65, 66, 67, 83, 86, 87, 88, 90
Alice Klarke, S. 6
Ken Landry, S. 139
Isia Leviant, S. 75
Michael Lyons, S. 125
David MacDonald, S. 107, 108
Istvan Orosz, S. 147, 148
Guido Moretti, S. 159
Baingio Pinna, S. 51, 80, 81, 82
Dale Purves and R. B. Lotto, S. 17, 52, 113
Oscar Reutersvärd, S. 100, 101
Roger Shepard, S. 96, 111, 114, 137
Pawan Sinha, S. 127
Dejan Todorovic, S. 18, 19
Nicolas Wade, S. 77